Imke de Jonge & Jan de Jonge

USA SÜDWESTEN

50 Highlights abseits der ausgetretenen Pfade

360° medien

IMPRESSUM

USA – Südwesten
50 Highlights abseits der ausgetretenen Pfade
Imke de Jonge & Jan de Jonge

Bibliografische Information der Deutschen Bibliothek
Die Deutsche Bibliothek verzeichnet diese Publikation in der deutschen Nationalbibliografie. Detaillierte bibliografische Daten sind im Internet über portal.dnb.de abrufbar.

Redaktion und Lektorat: Christine Walter

Satz und Layout: Serpil Sevim-Haase

Gedruckt und gebunden:
Himmer GmbH Druckerei & Verlag | Steinerne Furt 95 | 86167 Augsburg
www.himmer.de

Bildnachweis: siehe Seite 220

ISBN: 978-3-948097-80-6
Hergestellt in Deutschland

www.360grad-medien.de

Imke de Jonge & Jan de Jonge

USA
SÜDWESTEN

50 Highlights abseits der ausgetretenen Pfade

360° medien

„And I don't know about tomorrow
right now the whole world feels right
and the memory of a day like today
can get you through the rest of your life."

aus dem Lied „Today" von Brad Paisley

Vorwort

Reisen ist weniger die Frage, in welcher Frequenz möglichst alle weltbekannten Highlights von der eigenen To-do-Liste abgehakt werden können. Vielmehr geht es darum, das Land, die Region oder auch den einen ganz speziellen Ort zu erleben. Was vorerst wie eine Beschränkung oder ein Verzicht auf mehr aussieht, hat sich für uns als die größte Bereicherung unseres Reiselebens herausgestellt. Man könnte es als bewusstes Reisen bezeichnen. Entschleunigt von dem Verlangen, immer mehr in immer kürzerer Zeit erleben zu müssen. Unterwegs sein, ohne den Druck immer mehr in den Reiseplan zu quetschen. Und mal einen Umweg zu nehmen und auch dabei jeden Moment und jede Sekunde in vollen Zügen genießen – einfach da zu sein.

Wer sich darauf einlässt und so reist, wird schnell feststellen, dass diese Reisen mehr sind und mehr geben. Sie sind reich. Reich an Momenten und Freiheit. In fast zehn gemeinsamen Reisejahren in die USA haben wir so manchen Umweg genommen – mal geplant, mal ungeplant – und haben den Weg stets als Ziel verstanden. Glücklicherweise bedeutet dies nicht, dass es auf diesem Weg nichts zu entdecken gibt. Das Gegenteil ist der Fall. Rechts und links des Weges warten die wahren Highlights des Südwestens. Das einzigartige Gefühl von Freiheit und unbegrenzten Möglichkeiten liegt abseits der ausgetretenen Pfade.

Der Südwesten der USA bietet für Naturliebhaber vielfältige Möglichkeiten, die eigenen Reiseträume zu verwirklichen und Abenteuerluft zu schnuppern. Gerne möchten wir dieses Buch als Ansporn verstanden wissen, den Blick über den Tellerrand der üblichen Reiseempfehlungen zu wagen, den „kleineren Details" und „Underdogs" eine Chance zu geben. Die unberührte und ursprüngliche Natur auf unseren eigenen Wegen zu erleben, ist für uns stets das größte Geschenk, Abenteuer und Erholung zugleich gewesen. Dieses Buch ist eine Herzensangelegenheit und wir freuen uns, ein paar unserer ganz persönlichen Highlights zu teilen.

Imke de Jonge & Jan de Jonge, September 2019

Inhaltsverzeichnis

Info

- Vor dem Befahren nicht asphaltierter Straßen mit Mietfahrzeugen empfiehlt es sich, den Versicherungsschutz zu klären. Im Regelfall sind Offroad-Fahrten durch den Vermieter ausgeschlossen, Fahrten auf befestigen öffentlichen Straßen (auch ohne Asphaltdecke) hingegen möglich.
- Der Nationalpark-Jahrespass (US Park Pass, 80 USD, usparkpass.com) ist nur in den Nationalparks gültig.

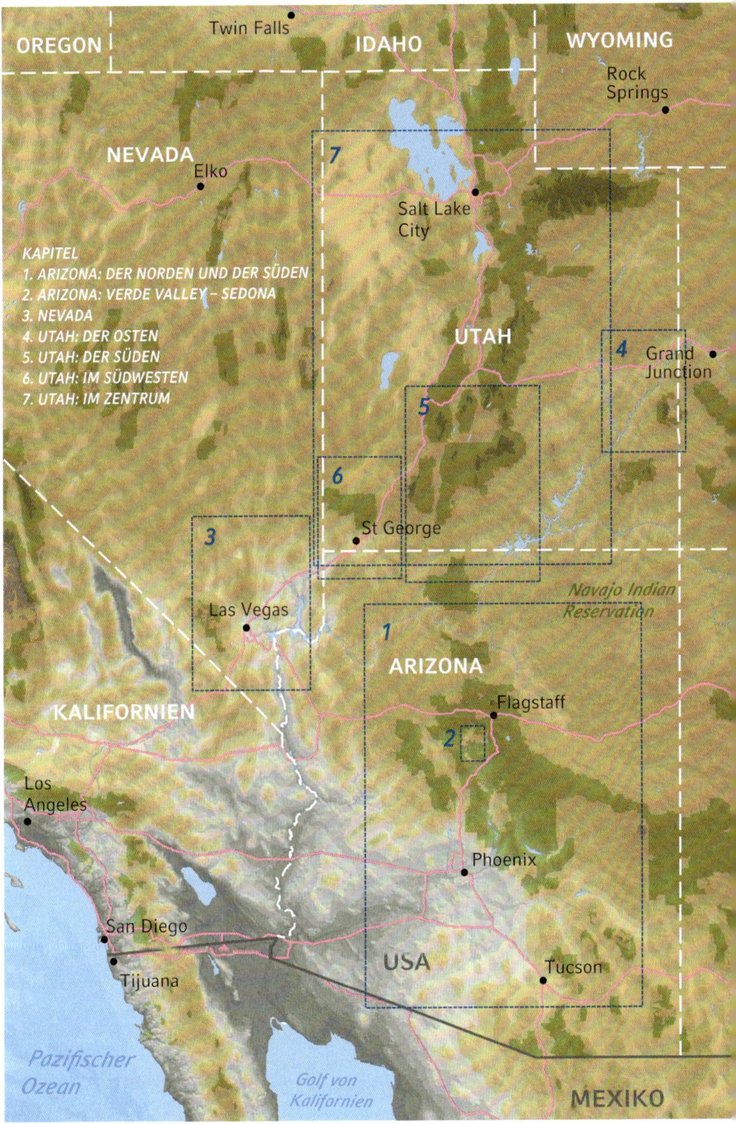

OREGON
Twin Falls
IDAHO
WYOMING
Rock Springs
NEVADA
Elko
7
Salt Lake City
KAPITEL
1. ARIZONA: DER NORDEN UND DER SÜDEN
2. ARIZONA: VERDE VALLEY – SEDONA
3. NEVADA
4. UTAH: DER OSTEN
5. UTAH: DER SÜDEN
6. UTAH: IM SÜDWESTEN
7. UTAH: IM ZENTRUM
UTAH
4
Grand Junction
5
6
St George
3
Las Vegas
Navajo Indian Reservation
1
ARIZONA
Flagstaff
2
KALIFORNIEN
Los Angeles
Phoenix
San Diego
Tijuana
USA
Tucson
Pazifischer Ozean
Golf von Kalifornien
MEXIKO

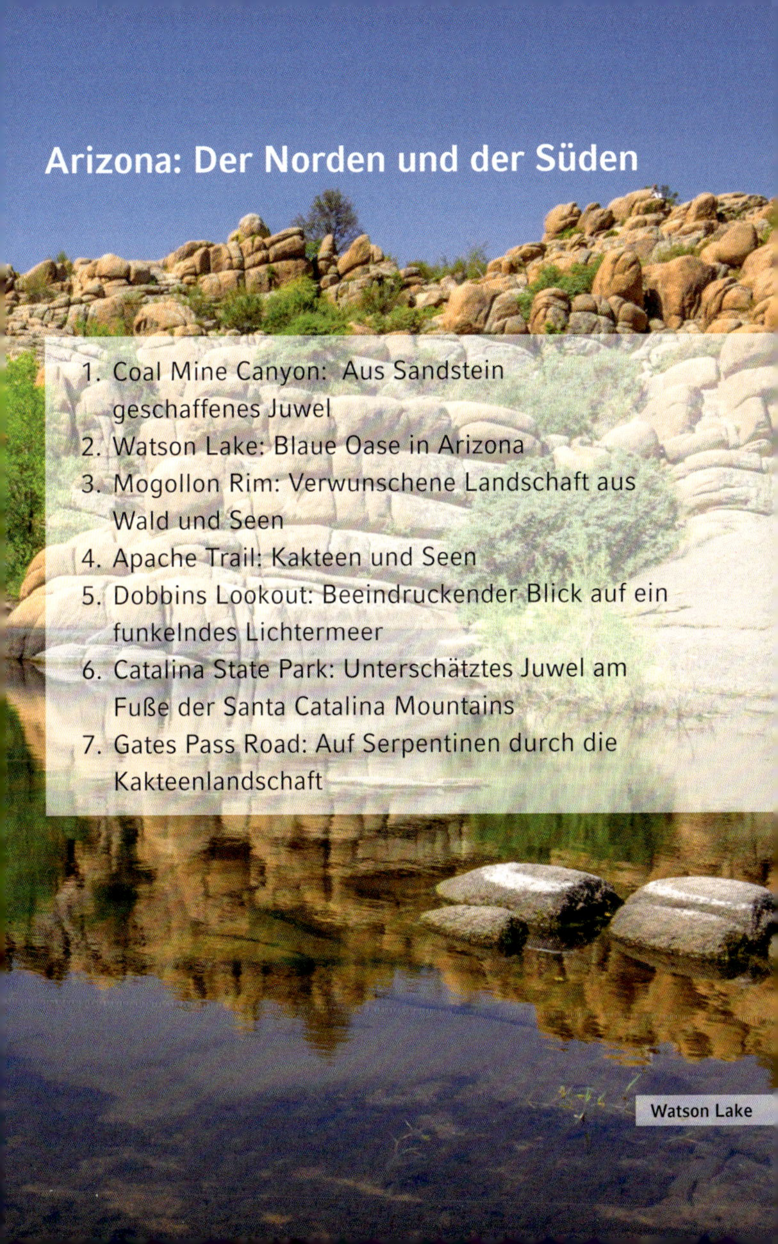

Arizona: Der Norden und der Süden

1. Coal Mine Canyon: Aus Sandstein geschaffenes Juwel
2. Watson Lake: Blaue Oase in Arizona
3. Mogollon Rim: Verwunschene Landschaft aus Wald und Seen
4. Apache Trail: Kakteen und Seen
5. Dobbins Lookout: Beeindruckender Blick auf ein funkelndes Lichtermeer
6. Catalina State Park: Unterschätztes Juwel am Fuße der Santa Catalina Mountains
7. Gates Pass Road: Auf Serpentinen durch die Kakteenlandschaft

Watson Lake

Tuba City
Tusayan
1. Coal Mine Canyon
ARIZONA
Williams
Flagstaff
40
180
Winslow
Holbrook
Sedona
2. Watson Lake
Prescott
17
260
Payson
3. Mogollon Rim
77
Whiteriver
87
60
Phoenix
Mesa
5. Dobbins Lookout
70
Kearny
88
77
Thatcher
Mammoth
4. Apache Trail
Apache Junction
10
60
6. Catalina State Park
7. Gates Pass Road
Tucson

1. Coal Mine Canyon: Aus Sandstein geschaffenes Juwel

Kontrastreich rot-weiß gestreifte und dramatisch gezackte Klippen – der Coal Mine Canyon ist ein nahezu unbekanntes Juwel in sehr ursprünglicher Umgebung. Nicht viele dermaßen spektakuläre Naturhighlights lassen sich dazu so bequem mit dem Auto erreichen wie dieser farbenfrohe Canyon am Rande der sogenannten Painted Desert.

Als Painted Desert wird der Landstrich bezeichnet, der sich grob gesagt vom östlichen Ausläufer des Grand Canyon bei Cameron bis in die Region des Petrified Forest National Park erstreckt. Seinen Namen verdankt dieser Landstrich der Vielzahl an Farben, in denen der dort dominante Sandstein erstrahlt. Von zarten Lavendeltönen über orange, rot und gelb bis hin zu Grautönen leuchten die Felsen des knapp 400 Quadratkilometer großen hügeligen Gebietes.

Der tief in der Wüste Nordarizonas abgeschieden gelegene Coal Mine Canyon befindet sich rund 25 Kilometer südöstlich von Tuba City. Ein Besuch dieses aus erodiertem Sandstein geschaffenen kleinen Juwels mit seinen interessanten Texturen, Formen und Farben bietet Reisenden faszinierende Aussichten und interessante Panoramen. Eine Erkundungstour kann hier leicht ein bis zwei Stunden in Anspruch nehmen.

Kontrastreicher Coal Mine Canyon

Atemberaubendes Panorama

Von der Arizona State Route 264 führt eine nur knapp einen Kilometer lange Schotterpiste an den Rand des überraschend farbenfrohen Canyons. Wie aus dem Nichts öffnen sich die kargen und optisch eher trist wirkenden *badlands* und geben den Blick auf die gezackten, weiß-roten Felszinnen frei. Vom Parkplatz aus lässt sich der *rim* vor allem in östlicher Richtung fußläufig bequem erkunden. Ein anderes, aber nicht weniger beeindruckendes, Panorama bietet sich über eine Zufahrt nur wenige Kilometer weiter auf der AZ-264. Auch hier trennen nur wenige hundert Meter Schotterpiste die Straße von dem Canyon, der seinen Namen aufgrund der nur kurzzeitigen Bedeutung für den Kohleabbau durch die dort ansässigen Mormonen im 19. Jahrhundert trägt.

Der Coal Mine Canyon liegt an der Grenze der Verwaltungsbereiche von Navajo- und Hopi-Indianern. Auch wenn die Grenzziehung zwischen den Stämmen in Teilen strittig ist, so liegt der beschriebene Abschnitt des leicht zugänglichen südlichen Canyonrands im Navajo-Gebiet. Eine Erlaubnis (ein *back country permit)* ist für einen Besuch eine zwingende Voraussetzung. Ein Abstieg in den Canyon ist jedoch nur mit dieser Erlaubnis nicht möglich, da das Innere der Felsschlucht wiederum dem Hopi-Verwaltungsbezirk zugerechnet wird. Anders als die Erlaubnis der Navajo-Verwaltung, die im circa 70 Kilometer entfernten Cameron im dortigen Besucherzentrum der Navajo erworben werden kann, ist das Betreten von Hopi-Ländereien nur mit zertifizierten Fremdenführern möglich.

Info

Lage: In Nord-Arizona, Luftlinie ca. 100 km nördlich von Flagstaff. Nächste Stadt: Tuba City, AZ. GPS: Abzweigung von AZ-264 (State Route) 36.007874, -111.057084, Parkplatz 36.012652, -111.047061.

Anfahrt: Von Tuba City 23 km auf der AZ-264 gen Osten fahren, am angegebenen Wegpunkt nach links (Norden) abbiegen und der Schotterpiste bis zum Parkplatz am *rim* folgen.

Öffnungszeiten: immer

Eintritt: 12 USD/Person (zu entrichten im Besucherzentrum der Najavo-Verwaltung, Highway 89 N & Highway 64, Cameron, AZ)

Webseiten:

- *Navajo Nation Permit*: navajonationparks.org/permits/backcountry-hiking-camping
- *Navajo Parks and Recreation*: discovernavajo.com/parks.aspx
- *Hopi Tours*: experiencehopi.com/tours
- *Petrified Forest National Park*: nps.gov/pefo/index.htm

Hinweis: Es gibt immer wieder Berichte über spannungsgeladene Zusammentreffen von Besuchern und dort lebenden Einheimischen, da die Grenzen zwischen Privatgrundstücken und dem mit *permit* zugänglichen Ländereien nicht klar gekennzeichnet sind. Respekt und Zurückhaltung im Auftreten empfehlen sich hier aufgrund der besonderen Bedeutung der Stätte für die ansässigen indigenen Völker.

2. Watson Lake: Blaue Oase in Arizona

Das tiefe Blau des Himmels spiegelt sich in den sanft funkelnden Fluten des Watson Lake. Orangegraue Felsen, die sogenannten Granite Dells, rahmen den See ein und geben seiner Küstenlinie eine einzigartige Struktur. Der Watson Lake ist eine tiefblaue Oase und verzaubert Besucher mit seinem pittoresken, still ruhenden Anblick – viele können ihren Blick von diesem Szenario einfach nicht abwenden.

Abendstille am Watson Lake

Bei der Anreise aus den flachen, trockenen Wüstenregionen im Süden Arizonas wirkt das beschauliche Städtchen Prescott wie eine gänzlich andere Welt. Die Landschaft ist bewaldet und hügelig. Unaufdringlich, fast schon unspektakulär, versprüht die Stadt den Charme einer etwas abgelegenen amerikanischen Kleinstadt. Es finden sich im Ort einige Geschäfte und Restaurants, sogar eine kleine Mall. Aber hinter der bestenfalls durchschnittlich spannend wirkenden Fassade wartet ein wirklich beeindruckendes Juwel auf die Besucher.

Ausblick von den Granit Dells

Der Watson Lake Park, ein offizieller Park der Kommune, liegt zwischen Prescott und Prescott Valley an der Arizona State Route 89. Zwar gibt es im Park viele Möglichkeiten der Freizeitbetätigung, beispielsweise Kanu fahren, Frisbee-Golf oder Hufeisen werfen. Auch Grill- und Picknickplätze sind vorhanden und locken die Bewohner des Städtchens besonders in Frühlings- und Sommermonaten aus ihren Häusern in den Park. Das wahre Highlight für Naturfreunde hingegen ist der See an sich: Besonders zum Sonnenuntergang verfärben sich das Wasser und auch die Granitfelsen und führen ein wunderschönes Farbschauspiel auf, das Besucher des gut 28 Hektar großen Areals auf Anhieb verzaubert. Die untergehende Sonne, der blaue Himmel, die Dells und dazu der ruhige See lassen die Szenerie in atemberaubender Schönheit erstrahlen. Am besten lässt sich dieses Spektakel von einem etwas abgelegenen Plätzchen am nördlichen

Teil des Sees betrachten. Hier ist die Küstenlinie besonders schroff und verwegen. Vom Parkbereich in der Nähe der nördlichen Bootsverladestation führen die kurzen Explorer Trails nach Südosten auf die wüst und unberührt wirkenden Granitfelsen. Besucher können nach Belieben auf den Felsen herumklettern und sich den geeigneten Platz zum Verweilen suchen – oder einfach bei einem leichten Spaziergang die schöne Natur genießen.

Der vom südlichen Bootsverladeplatz sichtbare Teil des Sees wirkt, im Vergleich zu der zerklüfteten Kombination aus Granitfelsen und Wasser im Norden, indes eher unscheinbar. Zwar ist hier der Bootsverleih angesiedelt und es gibt einige Picknick-Möglichkeiten, doch der Anblick des Sees ist durch die eher strandartige Böschung nicht mehr so speziell.

Mit einer Wasserfläche von gut 1,6 Quadratkilometern besitzt die Region um Prescott noch ein zweites Reservoir, das nur wenige Minuten vom Watson Lake entfernt liegt. Das Willow Creek Reservoir, oder auch einfach nur Willow Lake genannt, ist zwar nicht so spektakulär wie der Watson Lake, bietet aber durch eine etwas andere Vegetation ein wenig Abwechslung. Die Freizeitmöglichkeiten sind in beiden Parks ähnlich.

Info

Lage: In Nord-Arizona, ca. 120 km nördlich von Phoenix und 90 km südwestlich von Flagstaff. Nächste Stadt: Prescott, AZ. GPS: Watson Lake Park 34.592388, -112.424028, Willow Lake Park 34.612624, -112.443813. Adresse: 3101 Watson Lake Road, Prescott, AZ.

Anfahrt: Vom Stadtzentrum aus führt die AZ-89 für rund 8 km gen Norden, im Kreisel die erste Ausfahrt Richtung Watson Lake Park nehmen.

Öffnungszeiten: Im Sommer von 7 bis 22 Uhr, im Winter von 7 Uhr bis Sonnenuntergang geöffnet.

Eintritt: 3 USD/Pkw pro Tag

Webseiten:
- *Watson Lake Park*: prescott-az.gov/recreation-area/watson-lake-park
- *Willow Lake Park*: prescott-az.gov/recreation-area/willow-lake-park
- *Prescott*: visit-prescott.com

3. Mogollon Rim: Verwunschene Landschaft aus Wald und Seen

Stille Seen umgeben von weiten Nadelwäldern in fast schon alpin anmutender Natur – der nur spärlich besiedelte Mogollon Rim ist nicht nur für Angler ein Juwel der Natur. Der Gebirgszug verspricht Ruhe, Entspannung und Wildnis pur.

Grand Canyon, Monument Valley und scheinbar unendlich viele Kakteen kennzeichnen Arizona. Und so besteht das Bild dieses Bundesstaates für die meisten USA-Reisenden aus endlosen Wüstenabschnitten, spektakulären Canyons und markanten Sandsteinformationen. Nicht viele Besucher geben der „anderen Seite Arizonas" eine Chance, ebenfalls ihren Reiz unter Beweis zu stellen – eine wilde Schönheit, die vor allem expeditionsbegeisterte Naturfreunde reich belohnt.

Der Mogollon Rim ist ein circa 350 Kilometer langer Gebirgszug, der sich von Flagstaff aus südöstlich bis an die Grenze zu Colorado erstreckt. Geologisch ist er durch die Hebung des Colorado-Plateaus entstanden, die

Aussicht auf die tiefen Wälder Arizonas

auch die Rocky Mountains und den Grand Canyon entstehen ließ. Und während bei Flagstaff nur ein geringer Höhenunterschied den Mogollon Rim von der südwestlich anschließenden Basin and Range Region trennt, steigt dieser im Verlaufe des Gebirgszuges auf rund 600 Meter an.

Besonders empfehlenswert ist der Abschnitt zwischen den State Highways AZ-260 und AZ-87 nördlich von Payson, der mit knapp 15.000 Einwohnern mit Abstand größten Siedlung der Rim Region. Die Rim Road (Forest Service Road 300) führt größtenteils direkt an der Abbruchkante des *rim* entlang und verbindet dabei nicht nur die beiden State Highways miteinander. Vielmehr bietet die gut instand gehaltene Schotterpiste Zugang zu einem ausgedehnten Netz an *dirt roads*, die zahlreiche Camping-Stellplätze und Seen miteinander verbinden.

Ein guter Ausgangspunkt für eine kleine Erkundungstour ist der Rim Lakes Vista Overlook. Dieser befindet sich wenige Autominuten westlich des nur saisonal geöffneten Mogollon Rim Visitor Center. Nur einige Meter vom Parkplatz entfernt, lässt ein ungehinderter Blick vom Steilhang die gigantischen Dimensionen der umliegenden Waldgebiete erahnen.

Idylle am Woods Canyon Lake

Die größten zwei Seen der Region sind der Willow Springs Lake und der Woods Canyon Lake. Diese liegen auch für Pkw gut zu erreichen nur wenige Minuten vom Aussichtspunkt entfernt. Vom Rocky Point Trailhead am Woods Canyon Lake führt ein malerischer, aber steiniger Trail entlang der Südwestseite des Sees in Richtung des East Fork Woods Canyon. Nach der markanten Gabelung des Sees verlaufen sich allmählich zwei flussähnliche Arme in alten Überflutungsgebieten und zeigen den interessanten Übergang von Wasser zu Land.

Wem die Atmosphäre am Woods Caynon Lake aufgrund vieler Hobbyangler jedoch zu geschäftig ist, dem bieten die vielen weiteren kleinen Seen eine gute Alternative. Je nach Wetter, Lust und Laune lohnt beispielsweise eine Fahrt über die insgesamt 21 Kilometer Schotterpiste zum Bear Canyon Lake oder gar 36 Kilometer zum Knoll Lake. Tagestouristen sind hier nur noch äußerst selten anzutreffen.

Bei einer Fahrt über die Rim Road stechen viele verkohlte Baumstümpfe ins Auge. Die Region wird regelmäßig von schweren Waldbränden heimgesucht, und Feuerwehrleute sind rund um das Jahr mit Brandschutz oder Löscharbeiten beschäftigt. Häufig werden gezielt kleine Feuer gelegt, um trockenes Unterholz abzubrennen und im Fall der Fälle so eine schnelle Ausbreitung der Flammen zu verhindern. Auf Tafeln sind Informationen zu den aktuellen Verhältnissen angeschlagen. Vor einer Fahrt oder Wanderung tief ins Innere des Waldgebietes ist ein Blick auf diese Informationen unerlässlich.

Info

Lage: 140 km nordöstlich von Phoenix und 120 km südöstlich von Flagstaff. Nächste Stadt: Payson, AZ. GPS: Visitor Center 34.301695, -110.896275, Aussichtspunkt 34.310974, -110.940588, Woods Canyon Lake 34.333967, -110.944618, Wilow Springs Lake 34.306469, -110.885126.

Anfahrt:
- Von Phoenix kommend für 118 km der AZ-87 bis Payson folgen, weiter für 47 km auf der AZ-260 bis zum Visitor Center.
- Von Flagstaff südwärts für 88 km auf der I-17 bis Camp Verde und im Anschluss für 141 km auf der AZ-260 über Payson bis zum Visitor Center.

Öffnungszeiten: immer. Die saisonal wechselnden Öffnungszeiten des Besucherzentrums sind auf den Internetseiten des Forest Service nachlesbar.

Eintritt: frei

Webseiten:
- *Mogollon Rim Visitor Center*: fs.usda.gov/recarea/asnf/recarea/?recid=44965
- *Payson Rim Country*: paysonrimcountry.com
- *Arizona*: visitarizona.com/uniquely-az/parks-and-monuments/mogollon-rim

4. Apache Trail: Kakteen und Seen

Unterwegs auf den Spuren von Postkutschen und Indianern: Die historisch bedeutsame Straße östlich von Phoenix begeistert Reisende nicht nur mit einer tollen Streckenführung durch atemberaubende Natur. So abwechslungsreich wie hier zeigt sich der Süden Arizonas sonst nur selten. Blaue Seen, grüne Vegetation und rote Felsen laden zum Erkunden und Verweilen ein.

Phoenix liegt im südlichen Teil des Bundesstaates Arizona und ist mit ca. 1,6 Millionen Einwohnern (circa 4,7 Millionen in der gesamten Metropolregion) das mit Abstand größte urbane Ballungsgebiet der südwestlichen USA. Zum Vergleich: Die gesamte Metropolregion von Las Vegas hat lediglich rund zwei Millionen Einwohner.

Die Fahrt auf dem Apache Trail, die zum Ausbruch aus dem städtischen Treibens bestens geeignet ist, beginnt nur circa 40 Fahrtminuten östlich des sehr zentral gelegenen Flughafens von Phoenix in Apache Junction.

Serpentinen des Apache Trail

Hier liegt auch der Lost Dutchman State Park. Zwar ist dieser nur 130 Hektar große *state park* einer der besser besuchten in Arizona. Dennoch ist er bei europäischen Reisenden weitestgehend unbekannt und stand im Jahr 2010 kurz vor seiner Schließung. Im Vergleich hierzu verzeichnet der Grand Canyon National Park in etwa das 30-fache Besucheraufkommen pro Jahr. Der Park offeriert eine schöne, geschützte Landschaft mit guten Zugangsmöglichkeiten in die angrenzenden Superstition Mountains und den Tonto National Forest.

Unerwarteter Fund

Durch diesen führt auch der Apache Trail (Arizona State Route 88) über eine Strecke von 65 Kilometern von den Eingangstoren des Lost Dutchman State Park bis zum Theodore Roosevelt Lake. Ab Tortilla Flat wird die Straße zu einer klassischen Schotterpiste. Die kleine Gemeinde markiert nicht nur den Anfang des wilderen Teils der Strecke, sie ist zudem auch der letzte erhaltene Postkutschen-Stopp des Trails. Mit einer offiziellen Einwohnerzahl von sechs Personen ist Tortilla Flat aus Traditionsgründen auch die kleinste Gemeinde Arizonas mit einem eigenen Postamt. Im ortseigenen Superstition Saloon kann noch eine kleine Stärkung vor dem Rest der Strecke eingenommen werden. Das urige Restaurant ist gespickt mit Dollarscheinen, die Reisende über die Jahrzehnte an die Wände geklebt haben. Um das richtige Wildwestfeeling aufkommen zu lassen, können an der Bar auf Sätteln anstelle von Hockern herrlich kühle Getränke genossen werden.

Aufgrund der engen und sehr kurvenreichen Straßenführung mit teilweise erheblichen Steigungen wird die Strecke östlich von Tortilla Flat nicht für Wohnmobile oder Camping-Gespanne empfohlen. Hinzu kommen mehrere nur einspurig befahrbare Brücken, die bezüglich maximaler Traglast und Durchfahrtshöhe gewisse Beschränkungen aufweisen.

Schroffe Felsküste am Canyon Lake

Der tiefblaue Apache Lake

Durch die Stauung des Salt River sind zwei kleine, aber miteinander verbundene Seen entstanden – der Canyon Lake und der Apache Lake dienen mit dem grundsätzlich etwas verbreiterten Fluss vielen Bewohnern der Metropolregion von Phoenix als Naherholungsgebiet zum Baden, Angeln, Boot- und Wasserskifahren. Allen anderen Besuchern bietet sich eine Welt aus türkisblauem Wasser, großen sattgrünen Kakteen und rostbraunen schroffen Bergen. Ein wahres Fest für Naturliebhaber ist sicher besonders der Kontrast zwischen Wasser und Wüste – alles andere als typisch für den Süden Arizonas.

Das Ende des Apache Trails markiert der Theodore Roosevelt Dam mit dem dahinter liegenden gleichnamigen See. Auch dieses Reservoir wurde durch die Stauung des Salt River erzeugt und wirkt nach den letzten 60 Kilometern auf engen Wegen und nah an den Felsen regelrecht gigantisch groß. Der Staudamm wurde im Jahr 1911 durch den damals amtierende US-Präsidenten eingeweiht, der ihn kurzerhand sich selbst widmete. Eine fast 200 Kilometer lange Küstenlinie umfasst den sukzessive entstandenen See mit beeindruckenden Ausmaßen von knapp 35 Kilometern Länge, drei Kilometern Breite und maximal hundert Metern Tiefe.

Info

Lage: Östlich von Phoenix im Süden Arizonas. GPS: Lost Dutchman State Park 33.463732, -111.481450, Tortilla Flat 33.526383, -111.390146.

Anfahrt: Von Phoenix auf der US-60 nach Osten fahren, an Ausfahrt 196 auf die AZ-88 in nördlicher Richtung abbiegen, dem Straßenverlauf bis zum Theodore Roosevelt Dam folgen.

Öffnungszeiten: immer

Eintritt: frei

Webseiten:

- *Lost Dutchman State Park*: azstateparks.com/lost-dutchman
- *Tonto National Forest*: fs.usda.gov/main/tonto/home
- *Apache Lake*: fs.usda.gov/recarea/tonto/recarea/?recid=35789
- *Canyon Lake*: fs.usda.gov/recarea/tonto/recarea/?recid=35545

Hinweis: Einige große Vermieter von Campingfahrzeugen untersagen ihren Mietern die Fahrt auf dem Apache Trail. Bitte ggf. Mietbedingungen hierauf prüfen.

5. Dobbins Lookout: Beeindruckender Blick auf ein funkelndes Lichtermeer

Nach und nach wird das feurige Orange des Himmels zu einem violetten Blau. Wann immer die Natur ihr Sonnenlicht ausschaltet, erwacht das künstliche Lichtermeer der zwölftgrößten Stadt der USA zum Leben und lässt die Betrachter dieses Schauspiels sprachlos zurück. Der Dobbins Lookout bietet eine beeindruckende Sicht auf die sich fast 70 Kilometer nach Norden erstreckende Metropolregion von Phoenix.

Beeindruckendes Panorama über die Hauptstadt Arizonas

In wohl keiner anderen Großstadt der USA ist das Leben mit und in der Wüste so tief im Selbstverständnis der Bürger verwurzelt wie in Phoenix. Und so ist auch der größte Park der Stadt nicht etwa eine gepflegte Grünanlage, sondern ein ursprüngliches Stück der faszinierenden Sonoran Desert. Der South Mountain Park umfasst unglaubliche 65 Quadratkilometer und ist somit einer der nach Fläche größten Stadtparks weltweit (zum Vergleich: Der wohl bekannteste Stadtpark, der Central Park in New York, umfasst gerade einmal 3,5 Quadratkilometer). Mit einer Höhe von etwa 800 Metern gehören auch die Gipfel des Parks zu den höchsten der Stadt.

Eingerahmtes Lichtermeer

Der auf knapp 700 Metern gelegene Dobbins Lookout lässt sich jedoch bequem mit dem eigenen Auto erreichen. Die Summit Road führt vom Fuße des Berges bis direkt vor eine markant aus der Umgebung hervorstechende steinerne Hütte. Der Dobbins Lookout ist so der höchste, einfach zu erreichende Aussichtspunkt der gesamten Metropolregion. Wie fast die gesamte Infrastruktur des Parks wurde auch die Steinhütte zur Zeit der Großen Depression in den 1930er-Jahren durch das Civilian Conservation Corps erschaffen. Beim Blick aus der Hütte, besonders zum Sonnenuntergang und in der Nacht, rahmen die rustikalen Steine die überwältigende Lichtershow am Himmel über der Stadt ein. Der eigentliche Aussichtspunkt ist jedoch nicht der kleine Unterstand, sondern ein wenige Meter entfernter kleiner Turm, auf dem eine Kupferscheibe auf die Wahrzeichen der Stadt hinweist.

Schattenspender seit den 1930er-Jahren

Durch die gute Verkehrsanbindung des Aussichtspunktes, und da sich an wirklich keinem anderen Punkt der Stadt ein so packender Blick auf das funkelnde Lichtermeer werfen lässt, ist der Dobbins Lookout bei Einheimischen besonders an Wochenenden beliebt. Zur Einstimmung auf eine gelungene Partynacht treffen sich hier viele junge Erwachsene, aber auch Familien, und genießen den Ausblick, bevor es zurück in die Stadt geht. Für ein möglichst ungestörtes Erlebnis empfiehlt es sich also, den Bereich etwas zu erkunden und ein eigenes passendes Plätzchen zwischen den Kakteen und Büschen zu finden. Wirklich allein sind Besucher hier allerdings selten.

Der Park verzeichnet eine der dichtesten Populationen an Chuckwallas im Südwesten der USA. Diese für Menschen ungefährlichen Echsen aus der Familie der Leguane können eine beeindruckende Körperlänge von bis zu 50 Zentimetern erreichen und haben sicherlich schon dem einen oder anderen Besucher einen gehörigen Schrecken eingejagt.

Für Besucher, die diesen tollen Ausblick lieber mit einem Workout verbinden möchten, hält der South Mountain Park insgesamt circa 80 Kilometer Wanderwege bereit. Nahe dem Besucherzentrum startet der Holbert Trail, der sich über eine Länge von circa vier Kilometern den South Mountain bis zum Dobbins Lookout hinauf schlängelt. Im Verlauf des Trails können einige Felsmalereien der Ureinwohner Arizonas bestaunt werden. Die über 300 Höhenmeter, die es hierbei zu überwinden gilt, sind aber in dem sehr warmen und trockenen Wüstenklima durchaus eine ernst zu nehmende Anstrengung. Ebenso können vom Besucherzentrum Radtouren und Ausritte gestartet werden, um den Gipfel des Berges zu erklimmen.

Info

Lage: Im South Mountain Park, 0919 S Central Avenue, Phoenix, AZ. GPS: 33.344886, -112.058953.

Anfahrt: In Phoenix der South Central Avenue südwärts folgen, bis der Eingang des Parks erreicht ist.

Öffnungszeiten: immer. Achtung: An mehreren sogenannten Silent Sundays ist der Park für den Pkw-Verkehr gesperrt.

Eintritt: frei

Webseiten:

- *South Mountain Park*: phoenix.gov/parks/trails/locations/south-mountain
- *Phoenix*: visitphoenix.com

6. Catalina State Park: Unterschätztes Juwel am Fuße der Santa Catalina Mountains

Nicht viele europäische Reisende verirren sich in diesen beeindruckenden *state park* vor den Toren Tucsons. Mehr als 5000 Saguaro-Kakteen durchziehen das nur knapp 22 Quadratkilometer große Areal, das abwechslungsreiche Freizeitaktivitäten unter freiem Himmel bereithält. Für alle Besucher, die die wunderschöne Wüstenlandschaft Süd-Arizonas außerhalb des Saguaro National Park erleben wollen, ist ein Besuch hier ein absoluter Geheimtipp.

Der Catalina State Park liegt am Fuße der Santa Catalina Mountains, einer Bergkette nordöstlich von Tucson. Durch die ansonsten relativ flache Landschaft heben sich die Catalinas (wie die Bergkette kurz genannt wird) mit ihrer höchsten Erhebung, Mount Lemmon (2791 Meter), gut sichtbar vom restlichen Landschaftsbild ab. Bis zu fünf Meter Neuschnee im Jahr sorgen zudem dafür, dass zumindest die durchschnittlich circa 1000 Meter hohen Berge einen wirklich interessanten Kontrast zu dem ansonsten sehr heißen und trockenen Ambiente Tucsons stiften. Als Teil des Coronado National Forest stehen die Catalinas unter Naturschutz.

Stachelige Giganten

Im Park erleben Besucher nicht nur eine entspannte Atmosphäre, denn der hektische Besucherandrang gilt meist dem nahe gelegenen Saguaro National Park. Die Möglichkeiten an verfügbaren Freizeitaktivitäten reichen von mountainbiken über wandern bis zu ornithologisch-interessanten Spaziergängen. Es sind jedoch nicht nur die über 170 Arten verschiedener Vögel, die im Catalina State Park eine große Rolle spielen. Die prominentesten tierischen Bewohner sind vor allem Hochwild, Luchse, Kojoten und Javelinas (Halsbandpekari), die kulinarisch großen Gefallen an den zahlreichen saftigen Kakteen finden. Aber auch andere Tiere stehen hier oftmals im Mittelpunkt. Denn der Park erfreut sich bei Reitern großer Beliebtheit. Um Ausritte auf den wilden Trails zu ermöglichen, wurden Einrichtungen geschaffen, um Pferde und Reiter aus der nahe gelegenen Stadt bestmöglich zu versorgen und die großen Pferdeanhänger komfortabel auf separaten Parkplätzen abzustellen.

Für genau diese langen Ausritte und für abenteuerreiche Backpacking-Touren ist das Trailsystem des Parks mit dem des unmittelbar angrenzenden Coronado National Forest verbunden. Die Trails des Parks haben eine Länge von zwei bis 16 Kilometern und faszinieren allesamt mit atemberaubenden Aussichten auf die Sonoran Desert und die Catalinas.

Auch kulturell ist die Region, die erst durch den Kauf von Mexiko 1853 amerikanisches Staatsgebiet wurde, bedeutsam. Es gibt Anzeichen, dass dieser Teil Süd-Arizonas, der lange Zeit unter mexikanischer beziehungsweise spanischer Kontrolle stand, die letzten 7000 Jahre durchgängig besiedelt war. Am bedeutsamsten war jedoch die Kultur der Hohokam, auf die auch die ältesten erhaltenen Bebauungen hier zurückgehen. Einige dieser kulturell wertvollen Bauwerke wurden jedoch im 19. Jahrhundert von Siedlern zerstört, die auf den gut gelegenen Berghängen Befestigungsanlagen gegen die Apachen errichteten.

Info

Lage: Im äußersten Süden Arizonas, nur ca. 100 km nördlich der mexikanischen Grenze. Nächste Stadt: Tucson, AZ. GPS: 32.417649, -110.930669.

Anfahrt: Das Stadtzentrum Tucsons in Richtung Oro Valley über die AZ-77 (North Oracle Road) verlassen. Bei Hausnummer 11570 (gegenüber dem Oro Valley Marketplace) rechts in die unbenannte Straße abbiegen, die in den Park führt.

Öffnungszeiten: 5 bis 22 Uhr

Eintritt: 7 USD/Pkw

Webseiten:

- *Catalina State Park*: azstateparks.com/catalina/
- *Coronado National Forest*: fs.usda.gov/coronado
- *Tucson*: visittucson.org
- *Tucson Mountain Stables*: tucsonmountainstables.com
- *Saguaro National Park*: nps.gov/sagu/index.htm

7. Gates Pass Road: Auf Serpentinen durch die Kakteenlandschaft

Die sanften Hügel und das dazwischen liegende Tal füllen sich langsam mit dem warmen Licht der untergehenden Sonne. Nach und nach lässt sie die imposanten Saguaro-Kakteen wie Schattenrisse wirken und hinterlässt eine einzigartige Atmosphäre sowie das Gefühl, vollends in der Wüste angekommen zu sein.

Beeindruckendes Meer an Saguaros am Gates Pass

Die Großstadt Tucson besticht durch eine unverwechselbare Kakteenlandschaft. Wie wohl keine andere Pflanze steht der Saguaro-Kaktus für unseren westlichen Stereotyp von Wüste. Und Saguaros gibt es wirklich viele in der 500.000 Einwohner-Stadt im äußersten Süden Arizonas. Nur circa hundert Kilometer von Mexikos Grenze entfernt, ist der Saguaro National Park das Hauptziel vieler Besucher. Wobei der Park in zwei Sektionen geteilt ist – 50 Kilometer Luftlinie trennen Saguaro East und West. Und wenngleich die Meinungen bei Touristen und Einheimischen

Beste Zeit für einen Besuch: Sonnenuntergang

stark abweichen, welcher nun der schönere der beiden Teile ist, herrscht zumindest deutliche Einigkeit in einem anderen Punkt: Den besten Sonnenuntergang der Stadt gibt es am Gates Pass.

Im Jahr 1883 war es der ortsansässige Pionier Thomas Gates leid, stets einen großen Umweg um die Tucson Mountains nehmen zu müssen. Er kaufte sich kurzerhand das benötigte Land und begann mit dem Bau einer Passstraße, die erst später in das öffentliche Straßennetz integriert wurde. Bis heute hat der Straßenabschnitt den Ruf, die gefährlichste Straße im Großraum Tucson zu sein. Besonders europäische Besucher mag das verwundern, da es eigentlich keinen wirklichen Grund hierfür gibt. Aber die Menschen in der durch schier unendliche Weite geprägten

Wüste Süd-Arizonas waren an das Fahren in engen, kurvigen Passstraßen schlichtweg nicht gewöhnt. Die Straße läuft einen Bergkamm hinauf, und an einigen Passagen trennen nur wenige Meter den Asphalt von dem steilen Abhang.

Entlang der Straße reihen sich mehrere Aussichtspunkte aneinander, die entweder einen Blick gen Osten in Richtung Tucson oder gen Westen über den gut 83 Quadratkilometer großen Tucson Mountain Park ermöglichen.

Der wohl schönste Platz, um einen spektakulären Sonnenuntergang zu erleben, liegt erwartungsgemäß an der höchsten Stelle der Passquerung. Auf knapp 1000 Metern bietet eine kleine überdachte Aussichtsplattform Schutz vor dem gleißenden Sonnenlicht heißer Sommertage. Hier beginnt auch der Gates Pass Trail, ein circa drei Kilometer langer Wanderweg, der parallel zum Verlauf der Straße westwärts gen Tal führt. Allerdings existieren auch unzählige kleine Pfade, die Besucher einige hundert Meter von dem Parkplatz an etwas ruhigere Stellen abseits des Straßenverkehrs führen. Auch wenn dieser Aussichtspunkt bei Einheimischen sehr beliebt ist, ist es doch möglich, ein ruhiges Fleckchen zu finden. Zu Recht trägt der Gates Pass auch den Ruf als bester Ort der Stadt für romantische Verabredungen.

Info

Lage: Im äußersten Süden Arizonas, nur ca. 100 km nördlich der mexikanischen Grenze. Nächste Stadt: Tucson, AZ. GPS: 32.223485, -111.101067.

Anfahrt: Aus dem Stadtzentrum führt der West Speedway Boulevard bis zur North Camino de Oeste. Hier beginnt die West Gates Pass Road und führt über die Tucson Mountains bis zur Kinney Road. 4 km nach Beginn der West Gates Pass Road ist der höchstgelegene Aussichtspunkt erreicht.

Öffnungszeiten: immer

Eintritt: frei

Webseiten:

- *Tucson Mountain Park*: webcms.pima.gov/cms/one.aspx?portalId=169&pageId=1539
- *Gates Pass Area Neighborhood Association*: gpana.info/home.html
- *Old Tucson*: oldtucson.com
- *Sonoran Desert*: desertmuseum.org

Arizona: Verde Valley – Sedona

8. Robbers Roost: Höhle mit Geschichte
9. Doe Mountain: Weite Blicke und beeindruckendes Panorama
10. Birthing Cave: Spektakulär gerahmter Blick über das Red Rock Country
11. Amitabha Stupa and Peace Park: Zeit für Spiritualität
12. Sugarloaf Mountain: Highlight inmitten der Stadt
13. Crescent Moon Ranch und Red Rock Crossing: Abwechslungsreicher Spaziergang
14. Secret Slickrock: Bester Ort für einen unvergesslichen Sonnenaufgang
15. Sky Ranch Lodge und Chapel of the Holy Cross: Faszinierender Blick über die Stadt
16. Broken Arrow Trail: Rot-weiße Klippen, grüne Bäume und roter Sand
17. Banjo Bill Picnic Site: Zeit für eine willkommene Abkühlung

Blick auf den Cathedral Rock

ARIZONA
10. Birthing Cave
Seven Canyons
17. Banjo Bill Picnic Site
89
8. Robbers Roost
Indian Gardens
9. Doe Mountain
11. Amitabha Stupa and Peace Park
12. Sugarloaf Mountain
West Sedona
Sedona
15. Sky Ranch Lodge
13. Crescent Moon Ranch und Red Rock Crossing
14. Secret Slickrock
Sedona Community Cemetery
16. Broken Arrow Trail
Morgan Rd
15. Chapel of the Holy Cross
Red Rock Scenic Byway
Big Park
Oak Creek
179
89

8. Robbers Roost: Höhle mit Geschichte

Unberührte Natur, dazu ein schillernder Kontrast aus rotem Sandstein und saftig grünen Sträuchern: Wie von einem großen Balkon lässt sich aus dieser Höhle ein 180-Grad-Ausblick auf das atemberaubende Panorama Sedonas werfen. Und auch wenn es in der Region viele Höhlen und Aussichtspunkte gibt, ist keine ähnlich abgeschieden und spektakulär, aber dennoch so gut und vergleichsweise einfach erreichbar wie die Robbers Roost.

Mehrere Mythen ranken sich um die Höhle, die unter Einheimischen als Robbers Roost, Hideout Cave oder Shaman's Cave bekannt ist. Hat sie vielleicht Schmugglern ein Versteck vor den Ordnungshütern im Wilden Westen geboten? Oder diente die Höhle in so exponierter Lage doch eher lokalen Schamanen als Stätte für Heilungszeremonien? Auch wenn die schlussendliche Geschichte eine Legende bleiben wird, steht fest, dass Räuber oder Schamanen einen wirklich spektakulären Platz für ihre Vorhaben ausgewählt haben.

Vom Parkplatz führt ein nur rund 700 Meter langer Weg an den linken Rand des markanten Hügels rechts der Straße. Entscheidend bei der

Blick aus der Höhle

Orientierung ist, diesen Hügel nicht zu erklimmen, sondern diesen auf halber Höhe über den glatten Sandstein bis an die gegenüberliegende Seite zu umrunden. Nach einer kleinen Engstelle, die etwas Balance erfordert, ist die gen Osten geöffnete Höhle rechter Hand leicht auszumachen. Mit circa zwölf Metern Breite und fünf Metern Höhe gleicht sie eher einem Alkoven. Durch die Tiefe von sechs Metern lässt sich gut vorstellen, dass hier der ein oder andere Übernachtungsgast schon sein Lager aufgeschlagen hat.

Die Höhle bietet einen eindrucksvollen Blick auf die unberührte Natur der Umgebung. Besonders außerhalb der trockenen Sommermonate wertet der Kontrast zwischen dem roten Sandstein und der saftig grünen Vegetation diesen Blick zusätzlich auf. Fast völlig geschützt vor Wind und Wetter und mit einer kleinen Feuerstelle versehen, wird die Höhle von Einheimischen gern als Grillplatz oder für Fotoshootings genutzt. Und natürlich bietet sie Wanderern eine ausgezeichnete Möglichkeit, Beine und Seele baumeln zu lassen, während der Blick und die Gedanken in die Ferne schweifen können.

Geeigneter Unterschlupf

Verglichen mit der leichten Wanderung ist die Anfahrt zum Parkplatz etwas aufwendiger – mit einem SUV aber gut zu bewältigen. Über die Forest Road 525 und 525c sind es knapp 18 Kilometer Schotterpiste, die zum Trailhead führen. Auf die letzten paar hundert Meter kann die Straße je nach vorheriger Wetterlage für SUVs unpassierbar werden. Die *dirt road* kennzeichnet sich hier vornehmlich durch eine Schotterpiste mit spitzen Steinen und vermehrten Felsabsätzen. Hier bleibt nur, das Auto an einer sicheren Stelle am Straßenrand abzustellen und die weitere Route entlang der Straße zu Fuß zurückzulegen.

Spannender Blick aus jeder Perspektive

Info

Lage: 20 km nordwestlich von Sedona, AZ. GPS: Trailhead 34.930971, -111.972063, Höhle 34.930964, -111.967167.

Anfahrt: Von Sedona auf der AZ-89A in Richtung Cottonwood. Nach ca. 15,5 km rechts auf die Loy Butte Road (FR-525) abbiegen. Nach weiteren 4,5 km links auf die FR-525c und dieser13 km folgen.

Wanderung: leicht, ca. 1,5 km (Rundweg)

Öffnungszeiten: immer

Eintritt: frei

Webseite: *Sedona*: visitsedona.com

Hinweis: Das Gebiet ist zur Jagd freigegeben und wird von den Amerikanern dafür auch intensiv genutzt. Besonders in der Dämmerung empfiehlt es sich daher, sich umsichtig durch das Gelände zu bewegen.

9. Doe Mountain: Weite Blicke und beeindruckendes Panorama

Egal, ob der Blick zur Rechten oder Linken wandert: Red Rocks soweit das Auge reicht. Ein unvergleichlich beeindruckender Anblick im 360-Grad-Panorama auf die wunderschön rot gefärbten Berge von Sedona bietet sich vom Gipfel des Doe Mountain.

Der Trailhead befindet sich von Sedonas Stadtzentrum nur etwa 15 Kilometer entfernt. Es ist also ein Leichtes, dem geschäftigen Kleinstadttrubel zu entkommen und auf dem Hike, der besonders bei Einheimischen, nicht aber bei Touristen, bekannt ist, die Aussicht auf die roten Felsen zu genießen.

Vom Parkplatz aus führt ein kleiner ausgetrampelter Pfad direkt in Richtung des 1554 Meter hohen Berges. Von Beginn an geht es stetig steil und in Zickzacklinien den Doe Mountain bergauf. Der vorhandene Wanderweg ist nicht besonders breit, bietet aber für eine Person ausreichend

Blick vom Doe Mountain in die Weite des Tals

Platz. Ein Geländer am Wegesrand zur Absicherung gibt es jedoch nicht. Schwindelfreiheit ist vorausgesetzt! Je mehr Strecke zurückgelegt wird, desto mehr lässt sich erahnen, mit welch spektakulärem Panorama von der Bergspitze für die Anstrengung entschädigt wird. Um Luft zu holen und die brennenden Waden zu entspannen, lohnt sich immer mal wieder ein kleiner Zwischenstopp auf dem Weg nach oben. Nicht nur, um den bereits zurückgelegten Weg zu bestaunen, sondern um den Blick über das wunderschöne Verde Valley schweifen zu lassen.

Früh am Tag liegt diese Seite des Berges im Schatten. Vor allem in den heißen Sommermonaten empfiehlt sich daher, morgens zeitig aufzustehen und diesen Vorteil auszunutzen. Durch den Mix aus verschiedenen Kakteen und Pinien ist die Vegetation am Wegesrand sehr abwechslungsreich – und auch der Blick auf den Trail wird daher nie langweilig. Insgesamt sind zwar nur etwa 130 Meter an Höhenunterschied zurückzulegen, diese jedoch mit einer markanten Steigung. Immer wieder müssen zudem kleine und größere in den Fels gehauene Stufen überwunden werden.

Nach dem Aufstieg erscheint die Straße winzig.

Die einzig wirkliche kleine Klettereinlage ist erst kurz vor Erreichen des Gipfels notwendig und führt durch eine winzige Felsspalte. Aber selbst hierfür sind keine besonderen Kenntnisse oder Equipment erforderlich.

Etwa 1,2 Kilometer gilt es zurückzulegen, bis die grandiose Aussicht wartet. Oben angekommen heißt es dann erst einmal durchatmen und genießen. Der Blick fällt auf den Parkplatz und die wie Ameisen wirkenden Autos.

Oben auf dem Berg gibt es zahlreiche kleine Trampelpfade, aber keinen richtig erkennbaren Trail mehr. Jetzt können Besucher ganz nach Belieben das Terrain erkunden und das 360-Grad-Panorama vollends genießen. Die umliegenden Berge wie beispielsweise Bear, Maroon und Wilson Mountain sowie Chimney Rock und Secret Canyon sind von hier gut auszumachen. Auf dem Berg selbst gibt es zwar größere Büsche, aber keine Schatten spendenden Bäume. Achtung: Im Hochsommer ist es hier oben kaum erträglich! Der Abstieg führt über denselben Weg zurück.

Info

Lage: 15 km vom Stadtzentrum von Sedona, AZ, entfernt, an der Boynton Pass Road. GPS: Trailhead 34.893, -111.865.

Anfahrt: Von Sedonas Stadtzentrum 5,5 km über die 89A gen Westen auf die Dry Creek Road, bis diese nach 3,3 km zur Boynton Pass Road übergeht. Nach etwa 1,3 km links auf der Boynton Pass Road weiterfahren. Nach 2,5 km wieder links auf der Boynton Pass Road bleiben und diese 2 km bis zum Parkplatz auf der linken Seite weiterfahren.

Wanderung: leicht-moderat, Länge ab 2 km (Rundweg)

Öffnungszeiten: ist immer offen

Eintritt: Für Wanderungen im Red Rock Country ist der Red Rock Pass des US Forest Service notwendig. Dieser kostet pro Tag 5 USD/Pkw, ein Wochenpass für 15 USD/Pkw ist ebenfalls erhältlich. Der Nationalpark-Jahrespass ist hier alternativ gültig.

Webseiten:

- *Red Rock Country Hiking*: redrockcountry.org/trails.html
- *Verde Valley*: sedonaverdevalley.org
- *Sedona*: visitsedona.com

Hinweis: Im Sommer ist die Wanderung nur am frühen Vormittag empfehlenswert.

10. Birthing Cave: Spektakulär gerahmter Blick über das Red Rock Country

Atemberaubend kontrastreich heben sich die saftig grünen Bäume von den charakteristisch roten Sandsteinfelsen Sedonas ab. Den Rahmen für dieses nahezu perfekte Landschaftsbild stiften die fein gemusterten, glatten Felswände einer Höhle, die spektakulärer kaum sein könnte.

Sedona ist ein Touristenmagnet – und doch bietet der Ort mit seinem gut erschlossenen Trailsystem zahlreich Möglichkeiten, dem Trubel zu entfliehen. Inmitten des Coconino National Forest, dessen Gebiet sich in vier Bereiche aufteilt und insgesamt etwa 7500 Quadratkilometer umfasst, erleben Besucher die Natur im Red Rock Country fast komplett unberührt und können auf den staubigen Wanderwegen Entspannung ebenso wie sportlichen Ausgleich finden.

Um zur Birthing Cave zu gelangen, dient der Trail des Long Canyon Trail als Weg zum Ziel. Dieser ist von Sedona aus über die Long Canyon Road zu erreichen. Ein kleiner Parkplatz neben der Straße und der ausgeschilderte Trail erleichtern Besuchern die Orientierung.

Die Wanderung führt zunächst auf einer nicht mehr genutzten ausgefahrenen Jeep-Route einen Kilometer auf den Berghang des Mescal Mountain zu. Bereits nach ein paar Metern ist die nahe liegende Straße vergessen, und das umliegende Bergpanorama raubt vor Schönheit fast den Atem. Mit dem höchsten Felsen Sedonas, dem circa 1700 Meter hohen Capitol Butte, im Rücken beginnt das Abenteuer. Zu Beginn kreuzt noch ein anderer Wanderweg die eingeschlagene Route. Dieser führt zum Mescal Trail. Wer mag, kann auf dieser Route über den 5,8 Kilometer langen Wanderweg den 1500 Meter Mescal Mountain erklimmen und von dort fast ein 360-Grad Panorama der Extraklasse genießen.

Doch für das eigentliche Ziel weist circa einen Kilometer nach Aufbruch ein Schild auf den Wegverlauf für den Long Canyon Trail nach rechts hin. Zur Birthing Cave gilt es hier, den Weg nach links auf einen kleinen Pfad einzuschlagen. Wunderschöne Kakteen- und Agavenfelder sowie abwechslungsreiche Wildblumen säumen nun die Strecke und sind eine wohltuende Abwechslung für das Auge.

Wunder der Natur

Der Untergrund des Weges wechselt ab jetzt zwischen rotem Sand und kleineren Steinen. Je näher die Felswand kommt, desto besser ist die oval geformte Höhle bereits auszumachen. Von dem Pfad führt nach rechts ein unscheinbarer Weg direkt auf den Berg zu. Ab hier geht der Trail stetig bergauf und schließlich über einige geformte Steinstufen in die Höhle hinauf.

An der Birthing Cave bietet ein kleines Plateau die Möglichkeit, zu Atem zu kommen und die Höhle wie auch das Panorama ausgiebig in Augenschein zu nehmen. Der Blick schweift von hier aus über die umliegenden Berge Steamboat Rock, Wilson Mountain und Maroon Mountain. Es ist schlichtweg atemberaubend.

Wie an vielen Plätzen in Sedona ranken sich die Gerüchte, wozu der Ort eigentlich genutzt wird. Die Bandbreite reicht von Yoga über spirituell-reinigende Sitzungen mit Schamanen oder Hopi-Indianern.

Blick in die Ferne

Info

Lage: Im Coconino National Forest, 10 km nördlich vom Stadtzentrum von Sedona, AZ. GPS: Trailhead 34.906685, -111.824137, Abzweigung zur Höhle 34.912511, -111.830784, Höhle 34.913070, -111.836182.

Anfahrt: Von Sedonas Ortsmitte auf der 89A Richtung Westen, dann rechts in die Dry Creek Road nach einbiegen und dieser für 4,6 km folgen. Nach rechts auf die Long Canyon Road (FR-152D) abbiegen. Der Trailhead befindet sich nach ca. 1 km auf der linken Seite.

Wanderung: leicht, Länge ca. 3 km (Rundweg)

Öffnungszeiten: immer

Eintritt: Für Wanderungen im Red Rock Country um Sedona ist der Red Rock Pass des US Forest Service nötig, dieser kostet pro Tag 5 USD/Pkw, ein Wochenpass für 15 USD/Pkw ist ebenfalls erhältlich. Der Nationalpark-Jahrespass ist hier alternativ gültig.

Webseiten:
- *Red Rock Country Hiking*: redrockcountry.org/trails.html
- *Sedona*: visitsedona.com

11. Amitabha Stupa and Peace Park: Zeit für Spiritualität

Der Wind durchstreift die trockenen Piniensträucher und kitzelt dabei aus den kleinen Windspielen hier und da sanfte Töne heraus. Bunte, kleine Gebetsfahnen wehen sanft zwischen den Bäumen und tragen Botschaften von Liebe, Hoffnung und Mut in die umliegenden Hügel der traumhaften Landschaft Arizonas.

Perfekter Platz zum Verweilen

Sedona besticht durch abwechslungsreiche Wanderungen – umgeben von den bekannten Red Rocks, saftig grünen Bäumen und dem rauschenden Oak Creek, der die Stadt pulsierend durchfließt. Das Örtchen hat sein ganz eigenes Flair – auch in spiritueller Hinsicht. Wer den Bewohnern Sedonas Glauben schenken mag, der erfährt, dass es hier eine gehäufte Ansammlung an Plätzen mit erhöhter Energie gibt.

Als ein sogenannter Vortex wird ein Ort bezeichnet, an dem sich die Energie spürbar erhöht und somit förderlich für Heilung, Meditation oder persönliche Entwicklung sein kann. Es ist also kein ungewöhnliches Bild, an diesen Plätzen Menschen zu entdecken, die meditieren oder beten. Häufig sind diese Orte rein optisch durch Steinkreise zu erkennen. Die beliebtesten Vortexe Sedonas sind an folgenden Plätzen zu finden: Airport Mesa, Cathedral Rock, Bell Rock und Boynton Canyon. Und auch am Secret Slickrock (siehe Tipp 14, S. 64) ist ein Vortex zu entdecken.

Ein Ort zum Träumen

Einer der weiteren besonders spirituellen Orte finden Besucher fast zentral inmitten der 30.000-Einwohner-Stadt. Ein Besuch ist für religiöse und nichtreligiöse Menschen gleichermaßen ein absolut unvergessliches Erlebnis: Eingefasst in die malerische Kulisse aus roten Felsen und grünen Pinien ist der gut zehn Meter hohe Stupa ein geeigneter Platz, ruhige Momente zu verbringen, die Aussicht zu genießen oder zu meditieren und zu beten. Die bunten kleinen Fähn-

Viel Liebe zum Detail

chen lassen schnell vermuten, dass es sich eigentlich um ein buddhistisches Bauwerk handelt. Stupas gibt es seit rund 2600 Jahren. Sie zählen somit zu den ältesten bekannten sakralen Bauwerken. Ein Stupa steht sinnbildlich für Buddha und seine Lehre. Im ansonsten doch eher wenig buddhistisch geprägten Arizona ist der Stupa aber viel mehr als ein streng buddhistisches Bauwerk. Es ist ein Ort, an dem Menschen meditieren können, aber auch Trost und Erkenntnis suchen. Es ist zudem ein Symbol für Frieden und Verständigung. Daher steht ein Besuch auch wirklich jedem offen. Der Eintritt ist kostenlos; es steht den Besuchern frei, eine Spende zum Erhalt des gemeinnützigen Parks zu entrichten. Nach der Tradition des Buddhismus gibt es aber auch einen klassischen Opfertisch.

Der Sonnenaufgang ist ein ganz besonderes Erlebnis.

Es lohnt sich, nicht nur den eigentlichen Stupa anzusehen, sondern den umliegenden Peace Park zu erkunden, der am Fuße der Felsformationen Thunder Mountain und Chimney Rock liegt. Neben den zahlreichen kleinen Pfaden spannen sich zwischen den Kiefern und Pinien weitere Fahnenbänder mit detailverliebten Opfergaben und packenden Geschichten der Besucher. Hier finden sich persönliche Erinnerungsstücke und Botschaften von Menschen aus aller Welt.

Buddhistische Gebetsfahnen

Ein Besuch zu Sonnenaufgang ist besonders empfehlenswert, um den Ort in fast vollständiger Ruhe und im besonderen Licht zu erleben. Die Anfahrt beträgt vom Ortszentrum nur ein paar Minuten. Hinweisschilder vor Ort erleichtern dem Besucher die Orientierung zur Stupa.

Info

Lage: Im Coconino Forest, im nördlichen Arizona, ca. 25 km südlich von Flagstaff. Nächste Stadt: Sedona, AZ. GPS: 34.874297, -111.807157. Adresse: 2650 Pueblo Drive, Sedona, AZ.

Anfahrt: Von der Stadtmitte auf die US-89A Richtung Süden, nach ca. 1 km auf den Andante Drive abbiegen, gleich auf Pueblo Drive abbiegen, anschließend kurz danach auf Stupa abbiegen.

Öffnungszeiten: von Sonnenauf- bis -untergang

Eintritt: frei (Spenden sind willkommen)

Webseiten:
- *Amitabha Stupa*: tara.org/stupas/sedona-arizona
- *spirituelle Orte in Sedona*: sedonasecret7.com/spiritual
- *Sedona*: visitsedona.com

12. Sugarloaf Mountain: Highlight inmitten der Stadt

Sobald die trockene Wüstenluft durch die zahlreichen umliegenden Büsche weht, liegt er in der Luft – der Duft von Sedona: eine Mischung aus trockenem Holz, intensivem Wacholder und staubigem Wüstensand. Hier und dort ist das Rascheln und Knacken der trockenen Äste zu hören und sonst kaum ein Geräusch, das sich aus dieser atemberaubenden Idylle störend hervorhebt. Soweit das Auge reicht, sind rote

Rote Felsen soweit das Auge reicht

Felsen in den unbegreiflichsten Ausmaßen und Dimensionen zu erblicken. Dass dieser fantastische Platz eigentlich inmitten von West-Sedona liegt, ist fast unglaublich.

Um den fast 1500 Meter hohen Sugarloaf Mountain zu erklimmen, beginnen Besucher ihre Wanderung am besten am Teacup Trailhead. Der Weg führt schon nach wenigen Metern von den umliegenden Wohnhäusern in die Natur und lässt so bereits nach kurzer Zeit das Gefühl völliger Abgeschiedenheit aufkommen. Der Pfad führt über tiefroten Sand stetig

Typisches Trailbild in Sedona

leicht bergauf. Schon aus dieser Perspektive ist der Blick auf den nahe gelegenen Capitol Butte absolut lohnenswert. Auch eines der Wahrzeichen Sedonas, der Chimney Rock, rückt immer näher. Linker Hand lässt sich der schornsteinartige Felsen erkennen; zwar weniger imposant, steht er dem Capitol Butte aber in seiner Unverkennbarkeit in nichts nach.

An der Weggabelung nach einem halben Kilometer führt der Thunder Mountain Trail linker Hand zum Chimney Rock. Dem rechten Pfad folgend geht es weiter Richtung Sugarloaf Mountain. An der nächsten Kreuzung, gerade einmal hundert Meter weiter, können Besucher zwischen einer längeren und einer kürzeren Wanderung wählen. Die längere Variante von insgesamt 3,2 Kilometern führt im Uhrzeigersinn weiter auf dem Teacup Trail Richtung Coffee Pot Rock und leitet ihn auf dem Rückweg zum Sugarloaf Mountain Loop, der zum Sugarloaf Summit führt. Bei der kürzeren Variante biegt der Besucher an dieser Gabelung direkt nach rechts auf den Rundweg zum Gipfel des Berges ein.

Der Weg bleibt hier vorerst relativ flach, bis nach etwa 900 Metern der Fuß des Sugarloaf Mountain erreicht ist. Ohne größere Kletterkenntnisse zu besitzen, ist bereits nach wenigen Minuten steilen Aufstieges der höchste Punkt des Berges erreicht.

Zeit zum Durchatmen und Genießen. Von hier aus bietet sich Besuchern ein 360-Grad-Panorama der absoluten Extraklasse: die Airport Mesa, der Bell und Castle Rock und sogar der Cathedral Rock lassen sich gut ausmachen. Von hier oben wird auch wieder deutlich, dass der Sugarloaf Mountain wirklich inmitten der Stadt liegt und fast ausschließlich bei Einheimischen aus der unmittelbaren Nachbarschaft ein beliebtes Ausflugsziel ist.

Die beste Zeit für einen Besuch ist definitiv zum Sonnenunter- oder -aufgang, wenn sich die Felsen in ihrer vollen Farbpracht zeigen. Nach einem langen Tag in der Natur Arizonas ist die Wanderung der perfekte Ausklang, um genau hier, auf der Spitze des Sugarloaf Mountain, die Seele baumeln zu lassen.

Info

Lage: In Nord-Arizona im Coconino Forest, am nördlichen Stadtrand von Sedona, AZ. GPS: Trailhead 34.874401, -111.796506, 1. Weggabelung 34.878444, -111.797299, Abzweigung Gipfel 34.878761, -111.794720. Adresse: 2045 Buena Vista Drive, Sedona, AZ.

Anfahrt: Auf der AZ-89A von der Ortsmitte Richtung Westen fahren. Ca. 2,9 km hinter dem zweiten Kreisverkehr nach rechts in die Rodeo Road abbiegen. Nach 1 km rechts auf den Sanborn Drive und weiteren 0,5 km links auf den Little Elf Drive abbiegen. Dem Straßenverlauf bis zum Parkplatz folgen.

Wanderung: moderat, Länge: 3,2 km (Rundweg)

Öffnungszeiten: immer

Eintritt: Für Wanderungen im Red Rock Country um Sedona ist der Red Rock Pass des US Forest Service nötig, dieser kostet pro Tag 5 USD/Pkw, ein Wochenpass für 15 USD/Pkw ist ebenfalls erhältlich. Der Nationalpark-Jahrespass ist hier alternativ gültig.

Webseiten:

- *stadtnahes Trailsystem in Sedona*: fs.usda.gov/recarea/coconino/recarea/?recid=72028
- *Red Rock Country Hiking*: redrockcountry.org/trails.html
- *Outdooraktivitäten*: visitsedona.com/outdoor-adventure

13. Crescent Moon Ranch und Red Rock Crossing: Abwechslungsreicher Spaziergang

Vor dem beeindrucken Panorama des Cathedral Rock neigen sich sanft und bedächtig die saftigen Grashalme im Takt des Windes. Im Hintergrund rauscht und plätschert der Oak Creek zwischen den Platanen und Pappeln des Coconino Forest hindurch, während deren dichtes Blätterdach am Fuße des Cathedral Rock an warmen Sommertagen wohltuend Schatten spendet. Hier wartet schlichtweg ein kleines Stückchen Paradies auf Besucher und Fotografen.

Der Cathedral Rock ist in Sedona allgegenwärtig. Er prägt das Panorama der Stadt und zieht jedes Jahr gut drei Millionen Wanderer und Fotografen in das Städtchen im Norden Arizonas. Um 1880 erschufen Rinderzüchter eine kleine Farm an dem nördlichen Flussufer des Oak Creek unmittelbar am Fuße des Berges, der mit einsetzendem Tourismus zum ultimativen Wahrzeichen Sedonas werden sollte – die Crescent Moon Ranch. Den amerikanischen Ureinwohnern gilt der monumentale Felsen als Geburtsstätte allen weltlichen Lebens. Sie gaben dem wunderschönen Fleckchen Erde, an dem der Oak Creek den imposanten Cathedral Rock passiert, den bis heute geläufigen Namen Red Rock Crossing.

Wegbegleiter aus Stein

In den 1970er-Jahren kaufte der US Forest Service das Land und richtete zum Erhalt und Schutz der wundervollen Natur hier ein Schutzgebiet ein. Verständlich, denn an keinem anderen Ort der Stadt können Besucher so abwechslungsreiche Blicke auf den roten Felsgiganten werfen. Eine kurze Wanderung führt von dem Parkbereich zuerst über eine früher dem Obstanbau dienende Wiese in den dichten Wald. Hier treffen Besucher auf den Fluss, dem sie stromaufwärts folgen, immer am Fuße des Felsens entlang. Auf dem Weg zu dem etwa einen Kilometer entfernten Buddha Beach, einem besonders idyllischen Strandabschnitt, dem überdies eine ganz besondere spirituelle Energie zugesprochen wird, haben Besucher

Willkommene Abkühlung

Der rauschende Oak Creek

zahlreiche Möglichkeiten, die äußerst spannende, naturbelassene Szenerie rechts und links des Weges zu erkunden. Hier gilt uneingeschränkt wieder einmal das Motto: Der Weg ist das Ziel.

Besucher, die sich nach etwas Abwechslung sehnen, können hier Aktivitäten aus einem wirklich großen Freizeitangebot nachgehen: schwimmen und angeln im Fluss, fotografieren, wandern und spazieren entlang der wunderschönen Uferzone oder einfach ein entspanntes Picknick an einem der gut ausgebauten Grillplätze. Wer es noch eine Spur individueller mag, kann hier sogar eine Nacht in privater Atmosphäre in der alten Crescent Moon Ranch verbringen. Ausgebaut mit drei Schlafzimmern und insgesamt Schlafplätzen für zehn Personen, kann das alte Bauernhaus inklusive aller gängigen Annehmlichkeiten eines vollwertigen Hauses vom Forest Service für den privaten Gebrauch gemietet werden. Mit einer eigenen Sonnenterrasse und einem privaten Garten können Besucher so das atemberaubende Ambiente der Red Rock Crossing absolut ungestört genießen.

Info

Lage: In Nord-Arizona im Coconino National Forest ca. 5 km südlich vom Stadtzentrum von Sedona, AZ. GPS: Zufahrt: 34.826500, -111.808798, Buddha Beach 34.823844, -111.7976560

Anfahrt: Sedona westwärts auf der AZ-89A verlassen und an der Red Rock High School links auf die Upper Red Rock Loop Road biegen. Nach 3 km links auf die Chavez Ranch Road und nach nur weiten 0,6 km rechts auf die Red Rock Crossing Road abbiegen. Nach 0,7 km liegt das Ziel auf der linken Seite.

Öffnungszeiten: täglich 8 Uhr bis Sonnenuntergang. Für Übernachtungsgäste ist die Zufahrt rund um die Uhr möglich.

Eintritt:

- 10 USD/Pkw. Achtung: nur Barzahlung möglich!
- 200 USD/Nacht (für bis zu 10 Personen) pro Übernachtung

Webseiten:

- *Day Use*: fs.usda.gov/recarea/coconino/recarea/?recid=55286
- *Cresent Moon Cabin*: fs.usda.gov/recarea/coconino/recarea/?recid=72113
- *Sedona*: visitsedona.com

Teile der historischen Ranch

14. Secret Slickrock: Bester Ort für einen unvergesslichen Sonnenaufgang

Der Cathedral Rock ist ein Gigant aus leuchtend rotem Sandstein und eine der meist fotografierten Bergformationen Arizonas. Der farbenprächtige Felsen bietet Besuchern ein faszinierendes Panorama vor einer malerischen Kulisse. Besonders eindrucksvoll und zudem leicht zu erreichen ist der Blick auf den monumentalen Felsen vom Secret Slickrock. Der Kontrast zu den grün bewaldeten, seichten Hügeln und dem plätschernden Oak Creek, der den gesamten Ort wie eine pulsierende Lebensader durchfließt, macht das einzigartige Landschaftsbild komplett.

Unverkennbare Kulisse Sedonas

Überlieferungen zufolge erfüllt eine spirituelle Energie ganz Sedona. Es soll sogar spezielle Plätze geben, an denen durch Magnetfelder besondere Energien fließen. Viele Menschen nutzen diese Plätze, Vortex genannt, für Meditationen oder spirituelle Sitzungen. Die bekanntesten Vortexe befinden sich am Airport Mesa, Cathedral Rock, Bell Rock und Boynton Canyon (siehe Tipp 11, S. 53). Am Secret Slickrock deuten einige von Menschenhand gelegte Steinkreise darauf hin, dass hier ebenfalls genau so ein Vortex zu finden ist.

Der Zugang zum Trail ist über die US-89A und den Upper Red Rock Loop zu erreichen. Die traumhafte Straße schlängelt sich durch die mit Pinien dicht bewaldeten Hügel und gewährt atemberaubende Ausblicke auf das

Leuchtende rote Felsen zum Sonnenuntergang

Panorama des 30.000 Einwohner großen Städtchens. Obwohl das letzte Stück der Straße unbefestigt ist, gibt es keinerlei Probleme bei der Anfahrt, unabhängig von der Art des Mietwagens. Das Auto kann gegenüber dem Schild mit der Aufschrift Trail abgestellt werden.

Der leichte Trail ist nicht markiert, aber als ausgetrampelter Fußpfad, der über losen Sand, etwas Geröll und glatten Sandstein führt, gut zu erkennen. Die Vegetation links und rechts des circa 750 Meter langen Weges ist abwechslungsreich und fesselt das Auge, sobald sich der Blick vom Pfad löst. Die ersten Meter geht es leicht bergauf, bis nach etwa der Hälfte des Weges der Cathedral Rock auf der linken Seite zu erkennen ist. Das letzte Drittel geht etwas steiler bergab. Abgesehen von einigen losen Steinen, die hier besonders in der Dämmerung zur Stolperfalle werden können, ist der Weg insgesamt aber eher anspruchslos und bietet ausreichend Gelegenheit, die wunderschöne Landschaft zu genießen.

Die letzten Schritte führen auf ein großes Plateau, direkt gegenüber dem Cathedral Rock. Unterhalb der Felskante ist die Crescent Moon Ranch zu erkennen und auch das Rauschen des Oak Creeks ist hier zu hören. An nicht vielen Orten können Besucher dem wunderschönen Felsgiganten ohne Weiteres so nahe kommen und eine ungehinderte Aussicht auf das Wahrzeichen der Stadt genießen. Dieser Anblick verzaubert. Zeit, durchzuatmen und zu genießen.

Es ist keine Seltenheit, dass hier vereinzelt Fotografen die Szenerie für ein Fotoshooting nutzen. Auch Einheimische treffen sich hier zum morgendlichen Yoga oder Abendspaziergang. Andere Touristen sind hier mit einer gewissen Wahrscheinlichkeit eher nicht anzutreffen, denn selbst unter Einheimischen ist dieser Aussichtspunkt oftmals noch ein Insidertipp.

Die schönsten Zeiten zum Fotografieren sind sicherlich zum Sonnenauf- oder -untergang. Der Fels wird so in das herrlichste Licht geworfen. Mit ganz viel Glück hat es ein paar Tage zuvor geregnet, sodass sich in den zahlreichen *potholes* des Plateaus noch Wasser befindet und sie daher wunderschöne Reflexionen bieten.

Info

Lage: In Nord-Arizona, im Coconino National Forest; der Trailhead liegt ca. 12 km vom Stadtzentrum von Sedona, AZ, entfernt. GPS: 34.829848, -111.799392.

Anfahrt: Über die AZ-89A von Sedona aus Richtung Westen, nach 7 km auf die Upper Red Rock Loop Road nach links, nach weiteren 3 km nach links auf die Chavez Ranch Road abbiegen, der unbefestigten Straße für 1,6 km bis zum Trailhead auf der rechten Seite folgen.

Wanderung: leicht, Länge: ca. 1,5 km (Rundweg)

Öffnungszeiten: immer

Eintritt: Für Wanderungen im Red Rock Country um Sedona ist der Red Rock Pass des US Forest Service nötig, dieser kostet pro Tag 5 USD/Pkw, ein Wochenpass für 15 USD/Pkw ist ebenfalls erhältlich. Der Nationalpark-Jahrespass ist hier alternativ gültig.

Webseiten:

- *Vortex*: visitsedona.com/spiritual-wellness/what-is-a-vortex
- *Crescent Moon Ranch*: fs.usda.gov/recarea/coconino/recarea/?recid=55286
- *Sedona*: visitsedona.com

15. Sky Ranch Lodge und Chapel of the Holy Cross: Faszinierender Blick über die Stadt

Eine wunderschöne rote Felsenlandschaft gespickt mit saftig grünen Büschen und Bäumen hat Sedona bei amerikanischen Touristen bekannt und beliebt gemacht. Von eigentlich jedem Punkt der Stadt aus bietet sich Besuchern ein unverwechselbar faszinierendes Panorama. Um dieses Red-Rock-Wunderland zu erkunden und zu bestaunen, gibt es wohl kaum etwas Besseres als eine Wanderung auf einem der zahlreichen Wanderpfade der Region.

Wenn ein Glas Wein zum Sonnenuntergang verlockender klingt als von rotem Sandstein verstaubte Wanderkleidung, bietet die Sky Ranch Lodge eine überaus interessante Möglichkeit, den Tag ausklingen zu lassen. Zudem ist dieser Spot vielen Sedona-Urlaubern überhaupt nicht bekannt.

Das Ende 1970 erbaute und privat geführte Hotel liegt auf dem sogenannten Airport Mesa, einem Tafelberg, der mittig zwischen den umliegenden

roten Hügeln und Bergen steht. Neben dem kleinen Provinzflughafen ist das Hotel die einzige Bebauung auf dem Berg, der zu jeder Seite einen atemberaubenden Blick in die umliegende Landschaft bietet.

Schon während der Anfahrt, direkt nachdem die Straße sich den steilen Berg hinaufgezogen hat, liegt der Airport Overlook. Allerdings ist dieser kleine Aussichtspunkt lediglich ein kleiner Schotterplatz mit einigen Parkmöglichkeiten und zumeist völlig überlaufen. Viel besser und komfortabler lässt sich der Sonnenuntergang von der Terrasse der Sky Ranch Lodge erleben. Wenn an diesem fantastischen Ort nicht gerade Hochzeiten gefeiert werden, steht die Terrasse allen Hotelgästen sowie Besuchern von außerhalb zur Verfügung, solange Letztere ihre Getränke und Snacks an der hoteleigenen Bar erwerben. Die Bar befindet sich in unmittelbarer Nähe des Pools. Da aus Sicherheitsgründen Glasgefäße auf der Terrasse nicht gestattet sind, füllen die freundlichen Mitarbeiter der Bar bei einem entsprechenden Hinweis alle gekauften Durstlöscher „Outdoor-gerecht" um. Danach steht einem entspannten Sonnenuntergang mit einem der besten Panoramablicke über Sedona nichts mehr im Wege.

Einzigartiges Bauwerk

Einen etwas anderen, aber nicht weniger spektakulären Blick auf die Stadt bietet der Blick von der Chapel of the Holy Cross: Die architektonisch ausgezeichnete kleine katholische Kapelle liegt eingefasst in den roten Felsen auf einem Hügel im südlichen Teil der Stadt. Das Panorama von hier ist sehr offen und erlaubt einen Weitblick in die grün wie rot gezeichnete Landschaft aus Hügeln und Tälern sowie auf die ansprechend bebaute Stadt.

Und auch wenn der Ausblick vom Vorplatz sehr beeindruckend ist, lohnt sich ein kurzer Schwenk in die kleine Kapelle. Durch das große, getönte Panoramafenster wird durch das einfallende Licht der Raum in eine besondere Farbstimmung gehüllt. Diese sorgt zusammen mit der ganz speziellen Inneneinrichtung für ein wirklich besonderes Ambiente, das schnell spüren lässt, warum dieser Ort für spirituelle Besucher von großer Bedeutung ist und eine hohe Anziehungskraft besitzt.

Ein Shuttle-Service hilft Menschen mit eingeschränkter Mobilität den steilen Berg hinauf zur Kapelle. Auch durch dieses zusätzliche Angebot kann es so zu Stoßzeiten hier durchaus so gut besucht sein, dass die wenigen Parkplätze schnell vergeben sind.

Verankert im roten Felsen

Info

Lage: In Nord-Arizona, 40 km südlich von Flagstaff im Coconino National Forest. Nächste Stadt: Sedona, AZ. GPS: Airport Mesa 34.852725, -111.789955, Chapel of the Holy Cross 34.832038, -111.766714.

Anfahrt:
- *Airport Mesa*: die US-89A in südliche Richtung auf die Airport Road verlassen und bis zum Zielpunkt folgen.
- *Chapel of the Holy Cross*: die AZ-89A im Kreisverkehr in südliche Richtung auf die AZ-179 verlassen, nach 4,5 km nach links auf die Chapel Road biegen und dieser bis zum Zielpunkt folgen.

Öffnungszeiten:
- *Sky Ranch Lodge*: 11 Uhr bis Sonnenuntergang
- *Chapel of the Holy Cross*: täglich von 9 Uhr bis 17 Uhr. Der Shop der Kapelle hat täglich von 10 bis 17 Uhr geöffnet.

Eintritt: frei

Webseiten:
- *Sky Ranch Lodge*: skyranchlodge.com
- *Chapel of the Holy Cross*: chapeloftheholycross.com
- *Sedona*: visitsedona.com

16. Broken Arrow Trail: Rot-weiße Klippen, grüne Bäume und roter Sand

Die rauen Sandsteinfelsen erstrahlen zur goldenen Stunde in den wohl kräftigsten Farben, die die Natur zu bieten hat. Langsam mischt sich Orange zu dem sonnigen Gelb und wechselt mit sinkender Sonne zu einem tiefen Rot. Das bedächtige Rauschen der umliegenden Wacholderbüsche lässt Besuchern bei der Wanderung auf dem Broken Arrow Trail den Geruch von Abenteuer und Wildnis in die Nase steigen.

Wilde und unberührte Natur

Wie bei vielen der zahlreichen Wanderungen in Sedona gibt es auch beim Broken Arrow Trail sprichwörtlich mehrere Wege, die zum Ziel führen. Oder auch viele Möglichkeiten, die eigentlich geplante Strecke mit einer weiteren zu verknüpfen. Jedoch ist die wohl schönste Variante hier auch zugleich die kürzeste.

Der Trailhead wirkt auf den ersten Blick eher unscheinbar und lässt kaum vermuten, welch spektakuläre Aussicht sich Wanderern innerhalb weniger Meter bieten wird. Zunächst wird eine ausgewaschene Schotterpiste

Beeindruckendes Panorama auf dem Trail

überquert, die während des ersten Streckenabschnittes immer mal wieder in Sichtweite des Trails erscheint. Auf dieser nähern sich vereinzelt dröhnende Offroad-Fahrzeuge immer mal wieder in Seh- und Hörweite an, bevor die Natur wieder ganz den Hikern gehört. Auf dieser Piste fahren unter anderem die Pink Jeep Tours weniger lauffreudige Touristen durch die fesselnde Landschaft Sedonas.

Auf staubig rotem Untergrund geht es durch dichtes Grün von Wacholderbüschen, bis nach etwa 1,5 Kilometern ein Felsplateau erreicht ist, das den bedeutungsvollen Namen Devils Dining Room trägt. Es handelt sich dabei um eine fast 30 Meter tiefe Grube, die durch den Kollaps des darunter verborgenen Hohlraums entstanden ist. Bedeutend spektakulärer als das zugegebenermaßen sehr große Loch im Boden ist allerdings von hier der Blick zurück. Durch die etwas erhöhte Lage zeigt sich prominent die umliegende Munds Mountain Wilderness: wunderschöne, schroffe Sandsteinfelsen im rot-weißen Farbgewand. Besonders zum Sonnenuntergang erleuchten die Felsformationen in den schönsten Gelb- und Rottönen und hinterlassen bei Besuchern einen bleibenden Eindruck.

Auf dem Broken Arrow Trail führt ein kleiner, aber gut erkennbarer Pfad entlang des Felsplateaus und offenbart nach wenigen Metern bereits den nächsten spektakulären Ausblick. Es zeigen sich die fast 1700 Meter hohen Twin Buttes, zwei direkt nebeneinanderliegende Felshügel, die sich besonders bei Kletterfreunden und Mountainbikern großer Beliebtheit erfreuen. Beim Blick in die so wild erscheinende Natur ist es nur schwer vorstellbar, dass auf der dem Blick abgewandten Seite des nördlichen Hügels bereits die Chapel of the Holy Cross (s. Tipp 15, S. 68) liegt.

Während der Wanderung lohnt es sich immer mal wieder, kleinere Pausen einzulegen und den Ausblick auf die umliegende atemberaubend schöne Landschaft zu genießen, den rauschenden Wäldern zu lauschen und fernab des Trubels der Stadt schlichtweg innezuhalten und die besondere naturverbundene Stimmung aufzunehmen. Die Strecke ist übrigens auch wegen ihrer zahlreichen Vortexe bekannt, die für ganz besondere Energiefelder sorgen sollen (s. Tipp 11, S. 52).

Wenige später gelangt bereits das letzte Highlight der Wanderung ins Blickfeld: der circa 1300 Meter hoch gelegene Aussichtspunkt Chicken Point. Am Fuße der Twin Buttes gelegen, bietet er ein unschlagbares Panorama über die beschauliche Stadt auf der einen Seite und die naturbelassene Munds Mountains auf der anderen. Abwechslungsreicher und vielseitiger könnte der Blick kaum sein – der Ausblick von hier wird einfach niemals langweilig.

Info

Lage: In Nord-Arizona, 35 km südlich von Flagstaff, im Coconino National Forest. Nächste Stadt: Sedona, AZ. GPS: Trailhead 34.845506, -111.756783, Devils Dining Room 34.840502, -111.755135, Chicken Point 34.829018, -111.754781.

Anfahrt: In Sedona im Kreisverkehr die AZ-89A auf die AZ-179 gen Süden verlassen. Nach 2,3 km im Kreisverkehr auf die Morgen Road abbiegen. Am Ende der Straße liegt der Parkplatz. Die letzten 200 m sind nicht asphaltiert, diese Strecke ist mit einem üblichen Pkw jederzeit befahrbar.

Wanderung: leicht-moderat, Länge: ab 4 km (Rundweg)

Öffnungszeiten: immer

Eintritt: Für Wanderungen im Red Rock Country um Sedona ist der Red Rock Pass des US Forest Service nötig, dieser kostet pro Tag 5 USD/Pkw, ein Wochenpass für 15 USD/Pkw ist ebenfalls erhältlich. Der Nationalpark-Jahrespass ist hier alternativ gültig.

Webseiten:

- *Broken Arrow Trail*: fs.usda.gov/recarea/coconino/recreation/hiking/recarea/?recid=55250&actid=50
- *Pink Jeep Tours*: jeeptheusa.com/broken-arrow-30.html
- *Red Rock Country Hiking*: redrockcountry.org/trails.html
- *Verde Valley*: sedonaverdevalley.org
- *Sedona*: visitsedona.com

17. Banjo Bill Picnic Site: Zeit für eine willkommene Abkühlung

Das sanfte Rauschen des Oak Creek entfaltet schlagartig eine beruhigende Wirkung, während einzelne warme Sonnenstrahlen sich ihren Weg durch das dichte Blätterdach des Coconino Forest bahnen. Besucher, die für einen Moment Ruhe und Entspannung suchen, kommen hier voll auf ihre Kosten.

Sedona – das sind rote Sandsteinfelsen, saftig grüne Wälder und der Oak Creek. Viele Besucher möchten diese äußerst spektakuläre Kombination bei einer Wanderung auf dem West Fork Trail erleben. Dieser Weg ist der beliebteste in Sedona und zählt obendrein auch zu den beliebtesten Trails der USA. Dementsprechend hoch frequentiert sind die malerischen zwölf Kilometer entlang eines Seitenarms des Oak Creek etwas außerhalb der Stadtgrenze. Nicht nur zur Hochsaison müssen Trail und der

Rauschende Abkühlung an heißen Tagen

dazugehörige Parkplatz regelmäßig wegen Überfüllung kurzzeitig geschlossen werden.

Der West Fork Trail mag zwar eine der zweifelsfrei schönsten Wanderungen entlang des Flusses sein. Aber es gibt viele alternative Möglichkeiten, die malerische Symbiose aus Wald, Wasser und Felsen zu erleben – auch ohne längere Wanderungen. Der US Forest Service betreibt entlang des Oak Creek eine Reihe von Camping- und Picknickplätzen, die hierfür ideale Ausgangspunkte schaffen.

Nach einer kräftezehrenden Wanderung auf den zahllosen staubigen Pfaden Sedonas und unter der warmen Sommersonne Nord-Arizonas bieten einige Momente zwischen den hohen, Schatten spendenden Bäumen nicht nur eine willkommene Abwechslung, sondern versprechen auch Erholung. Kaum baumeln die Füße im kalten Wasser des Flusses und sind die leckeren Snacks ausgepackt, sind die Strapazen der Wanderung schon vergessen.

Entspannung pur am Oak Creek

Etwa 13 Kilometer nördlich von Sedona, an der dem Flussverlauf folgenden Arizona State Route 89A, liegt der Banjo Bill-Picknickplatz. Von den sieben Picknick- und Campingplätzen ist der nur sehr unscheinbar ausgeschilderte Banjo Bill einer der eher unbekannteren. Die Campingplätze entlang des Flusses sind bei Amerikanern sehr beliebt und auch wirklich gut besucht. Da das Übernachten am Banjo Bill aber nicht gestattet ist, lässt sich hier einfacher ein ruhiges Plätzchen fernab der Campinggäste finden. Die einzige Möglichkeit hier zu übernachten, ist die nahe gelegene Orchard Canyon Lodge. Am Banjo Bill können Besucher nach Belieben und Abenteuerlust dem Ruf der Wildnis in den Wald oder entlang des Flusses folgen.

Nur einen Kilometer weiter südlich in Richtung Sedona liegt der Slide Rock State Park. Hierher verschlägt es Besucher, für die Beschaulichkeit nicht das Richtige ist. Dieser sehr besondere Wasserpark hält einige natürliche Wasserrutschen in petto, die für Groß und Klein ein abwechslungsreicher Spaß sein können. Auf durch den Oak Creek glatt geschliffenen roten Sandsteinrinnen flitzen badewillige Gäste stromabwärts durch die wunderschöne Landschaft. Zwar ist dieser Park wahrlich kein Geheimtipp, aber dennoch einen kurzen Besuch wert.

Info

Lage: In Nord-Arizona, 35 km südlich von Flagstaff, im Coconino National Forest. Nächste Stadt: Sedona, AZ. GPS: Banjo Bill 34.960325, -111.753021, Slide Rock SP: 34.944398, -111.752835.

Anfahrt: Sedona nordwärts auf der AZ-89A verlassen. Nach ca. 13 km befindet sich die Banjo Bill Picnic Site auf der linken Seite.

Öffnungszeiten: Sonnenauf- bis Sonnenuntergang

Eintritt: Für Wanderungen im Red Rock Country um Sedona ist der Red Rock Pass des US Forest Service nötig, dieser kostet pro Tag 5 USD/Pkw, ein Wochenpass für 15 USD/Pkw ist ebenfalls erhältlich. Der Nationalpark-Jahrespass ist hier alternativ gültig.

Webseiten:

- *Banjo Bill*: fs.usda.gov/recarea/coconino/recarea/?recid=55220
- *Orchard Canyon Lodge*: enjoyorchardcanyon.com
- *Slide Rock State Park*: azstateparks.com/slide-rock
- *Red Rock Country Hiking*: redrockcountry.org/trails.html
- *Verde Valley*: sedonaverdevalley.org
- *Sedona*: visitsedona.com

Nevada

18. Cathedral Gorge State Park: Beeindruckende erodierte Felsformationen
19. Spring Mountains: Berge und Schnee vor den Toren der Wüstenstadt
20. Sunset Point: Wo sich Horizont und Casino-Lichter treffen
21. White Owl Trail: Kleiner, aber feiner Slot Canyon mit gefiederten Bewohnern
22. Bowl of Fire: Inmitten von feuerroten Felsen

Leuchtend-rote Bowl of Fire

Pioche
18. Cathedral Gorge State Park
Panaca
Rachel
Caliente
93
NEVADA
Coyote
Springs
Desert National
Wildlife Refuge
15
Indian
Springs
Logandale
Ute
Overton
Crystal
95
Dry Lake
Stewarts
Point
Garnet
Apex
Echo Bay
19. Spring Mountains
22. Bowl of Fire
20. Sunset Point
Pahrump
Las Vegas
Lake Mead
National
Recreation Area
21. White Owl Trail
Boulder
City
ARIZONA
93
KALIFORNIEN

18. Cathedral Gorge State Park: Beeindruckende erodierte Felsformationen

Bis zu 50 Meter hoch ragen die obskur aussehenden Türme aus Sandstein empor. Teilweise begehbar, ähneln sie Kathedralen in karger Umgebung. Beim Wandern durch das Labyrinth aus Felsschluchten und Felsnadeln kommt schnell der Eindruck auf, Schritte auf der gräulichen Oberfläche eines fremden Planten zu wagen.

Die imposante und bisweilen auch exzessive Erscheinung von Las Vegas täuscht darüber hinweg, dass Nevada ein überwiegend ländlich geprägter Bundesstaat ist, der ähnlich wie beispielsweise Utah landschaftlich durchaus Abwechslung verspricht. Bereits wenige Autostunden nördlich von Las Vegas ist vom Wüsten-Feeling des Valley of Fire nichts mehr zu spüren.

Surreale Felsformationen

Warum der Cathedral Gorge State Park bisher nicht bekannter ist oder als Bundesschutzgebiet ausgewiesen wurde, ist angesichts der gleichsam dramatischen wie surrealen Szenerie nur schwer nachzuvollziehen. Vorteil wie Nachteil zugleich ist die abgeschiedene Lage tief im ländlichen Nevada, etwa 250 Kilometer nördlich von Las Vegas respektive 150 Kilometer nordwestlich von St. George in Utah.

Das nur etwas über sieben Quadratkilometer große Naturschutzgebiet ist übersichtlich. Eine Straße führt als Rundweg durch den südlichen Teil des Parks. Von hier lassen sich die Startpunkte der Mehrzahl der insgesamt nur neun

Wie auf einem anderen Planeten

Wanderwege erreichen, von denen keiner länger als fünf Kilometer misst. Die Wanderungen führen durch eine eindrucksvolle Landschaft aus Sandsteintürmen und Felsklippen mit tropfsteinartigen Abbrüchen. Diese erinnern beim ersten Blick etwas an den bekannten Bryce Canyon National Park. Es fehlt jedoch das tiefe Orangerot des typischen Navajo-Sandsteins. Stattdessen findet sich eine eher fahle Farbgebung mit nur vereinzelt kräftigen Farbeinschlüssen. Die geologischen Formationen der Cathedral Gorge sind aus Sedimenten eines ausgetrockneten Sees entstanden. Erosion und abfließendes Wasser haben tiefe, gewundene Schluchten in die Felsen gespült, die von innen betrachtet sehr an die Slot Canyons Utahs erinnern. Auffällig ist die karge Vegetation, die auf den nährstoffarmen Bentonit-Boden und die stetige Verwitterung zurückzuführen ist.

Ein geeigneter Startpunkt für eine kurze Wanderung am Fuße der Felsen ist der Picknickplatz nördlich der Cathedral Caves. Da sich der lehmige Boden aus Sedimentgestein bereits bei den ersten Regentropfen in eine schwer begehbare Schlammfläche verwandelt, empfiehlt sich für eine Wanderung in dieser Gegend trockenes Wetter und festes Schuhwerk.

Eine ganz andere Perspektive bietet sich von den höher gelegenen Aussichtspunkten Miller Point und Eagle Point im nördlichen Teil des Parks. Für die Anfahrt zu diesen Bereichen ist es notwendig, den Park kurz zu verlassen und der US-93 für drei Kilometer nach Norden zu folgen. Der Blick von oben in das Labyrinth ist die ideale Ergänzung zur Wanderung durch die engen Felspylone. Dramatisch und wie aus einer andern Welt verspricht der *state park* abwechslungsreiche Stunden in landschaftlicher Schönheit, die den meisten Touristen verschlossen bleibt.

Der Cathedral Gorge State Park bietet zu jeder Jahreszeit ein interessantes Ambiente. Mit Temperaturen von über 30 Grad Celsius im Sommer und Frost mit Schneefall im Winter ist auch in diesem Punkt für Abwechslung gesorgt.

Info

Lage: Zwischen Pioche und Panaca, 25 km nördlich von Caliente an der US-93 (Great Basin Highway) im östlichen Nevada 30 km von der Grenze zu Utah entfernt. GPS: 37.803740, -114.408321.

Anfahrt:
- Von Las Vegas über die US-93 Richtung Norden.
- Aus Utah über die UT-56, die nach der Grenzquerung NV-319 heißt.

Öffnungszeiten: immer

Eintritt: 5 USD/Pkw

Webseiten:
- *Cathedral Gorge State Park*: parks.nv.gov/parks/cathedral-gorge
- *Las Vegas*: visitlasvegas.com
- *St. George*: visitstgeorge.com
- *Nevada*: travelnevada.de

Ein Landstrich voller Kontraste

19. Spring Mountains: Berge und Schnee vor den Toren der Wüstenstadt

Mit milden Temperaturen, einer angenehmen Höhenluft und tiefgrauen Kalksteinfelsen bietet das Spring Mountain-Erholungsgebiet ein eindrucksvolles Abwechslungsprogramm zum ansonsten eher kargen und öden Ambiente rund um Las Vegas. Ob nur für ein Picknick oder einen längeren Ausflug – hier gibt es zahlreiche Möglichkeiten, sich eine Auszeit von der Glitzermetropole zu gönnen.

Perfekter Ausgleich zu der Glitzermetropole Nevadas

Las Vegas ist ein Touristenmagnet. Dank ansprechender Lage, zahlreicher Flugverbindungen und guter Infrastruktur kommen im Jahr knapp 37 Millionen Besucher nach Las Vegas. Mehr als 125.000 Hotelzimmer gibt es in dieser so besonderen Stadt. Und so kommen zwangsweise auch Reisende hierher, die die USA eigentlich abseits des touristischen Mainstreams erkunden wollen.

Bei einem mehrtägigen Aufenthalt verspüren besonders naturverbundene Reisende jedoch bereits nach kurzer Zeit den Drang, der Hektik und dem

Lärm der Stadt zu entfliehen. Da bietet sich ein Ausflug zur Spring Mountains National Recreation Area an. Dieses Erholungsgebiet liegt nur circa 60 Kilometer in nordwestlicher Richtung von Las Vegas entfernt. Trotz der geringen Distanz findet es bei den wenigsten Reisenden einen Platz in der Routenplanung. Dabei sind die für das Naturschutzgebiet namensgebenden Spring Mountains aus dem Stadtpanorama von Las Vegas nicht wegzudenken. Die Bergkette säumt schließlich die komplette Westseite der Stadt und komplettiert so das Bild der Amüsierstadt inmitten der Wüste.

Ein einsamer Highway führt in die Berge.

Auch die bei Las Vegas' Besuchern beliebte Red Rock Canyon National Conservation Area ist ein Teil der Spring Mountains. Der prominenteste Berg der knapp 75 Kilometer langen Gebirgskette – der Charleston Peak – ist mit seinen immerhin 3600 Metern auch von Weitem immer deutlich sichtbar. Durch die Höhenlage lassen sich auch an Hochsommertagen Aktivitäten finden, an die in der Stadt oder an anderen stadtnahen Zufluchtsorten Naturbegeisterter nicht zu denken gewesen wäre. Ihren Namen haben die Spring Mountains im Übrigen nicht von dem englischen Wort für „Frühling", sondern „Quelle". Über 80 Bäche und Flüsse entspringen im gesamten Gebiet der Spring Mountains – entsprechend farbenfroh und vielseitig ist die Vegetation.

Allein die Fahrt in das Gebiet ist schon ein Highlight. Langsam verblassen die Wolkenkratzer und *billboards* hinter dem Mietwagen. Die komplette Bergkette ist umschlossen von der Wüste. Nach etwa 40 Minuten verändert sich das Bild schlagartig. Ein kurzer Stopp am Straßenrand, um die Szenerie zu genießen und ein Erinnerungsfoto zu machen, lohnt sich.

Die Möglichkeiten für Freizeitaktivitäten in der Spring Mountains National Recreation Area sind vielfältig, aber saisonal schwankend. Ein guter Ausgangspunkt für Reit- oder Mountainbike-Ausflüge, Wanderungen auf den gut 80 Kilometer markierten Trails oder auch (je nach Saison) kurze Ski-Abfahrten ist das Spring Mountains Visitor Gateway Visitor Center. Jedoch kommen nicht nur eingefleischte Outdoor-Enthusiasten hier auf ihre Kosten. Besucher ohne weitreichende sportliche Ambitionen in der Höhenluft können die abwechslungsreiche Natur bei einem kurzen Spaziergang oder an einem der zahlreichen Picknickplätze perfekt genießen. Aufgrund der kurzen Fahrdistanz sind Letztere besonders bei Einheimischen aus dem nördlichen Las Vegas beliebt. Andere Urlauber aus Übersee zu treffen, ist eher selten.

Info

Lage: Das Besucherzentrum befindet sich 43 km Luftlinie nordwestlich vom internationalen Flughafen von Las Vegas, NV, entfernt. GPS: 36.272348, -115.589567.

Anfahrt: Auf Höhe von Las Vegas Downtown die I-15 auf die US-95 verlassen. Der US-95 für 26 km nach Norden folgen. An der Abfahrt 94 auf die abbiegen und der Straße (Kyle Canyon Road, NV-157) für weitere 26 km westwärts folgen.

Öffnungszeiten: immer (saisonbedingt sind Schließungen einzelner Bereiche möglich)

Eintritt: Die Spring Mountains National Recreation Area steht (anders als viele National Recreation Areas in den USA) nicht unter der Verwaltung des National Park Service, sondern des US Forest Service. Zurzeit ist der Eintritt frei.

Webseiten:
- *Spring Mountains Visitor Gateway*: gomtcharleston.com/spring-mountains-visitor-gateway
- *Valley of Fire State Park*: parks.nv.gov/parks/valley-of-fire
- *Red Rock Canyon National Conservation Area*: redrockcanyonlv.org
- *Las Vegas*: visitlasvegas.com

20. Sunset Point: Wo sich Horizont und Casino-Lichter treffen

Wie Diamanten funkeln die Glasfronten der Hotels in der leuchtend orangeroten untergehenden Sonne. Der Sunset Point bietet eine unbezahlbare Aussicht über Las Vegas. Kostenlos und in freier Natur zieht das Antlitz dieser sehr besonderen Stadt ihre Besucher zu jeder Tages- und Nachtzeit in ihren Bann.

Faszinierende Lichterstadt

Las Vegas ist definitiv die Stadt der Erlebnisse. Zwar beansprucht Disney World in Florida den Titel „*happiest place on earth*" für sich, aber in Anlehnung hieran ist Las Vegas als Disneyland für Erwachsene bekannt. Denn eigentlich können Besucher hier alles erleben, was das Erwachsenen-Herz sich wünschen kann: Es gibt nichts, was es nicht gibt.

Las Vegas ist zugleich auch die Stadt der spektakulären Aussichten. Durch den Kontrast der kargen, staubigen Umgebung inmitten der Wüste

Las Vegas Strip bei Nacht

einerseits und dem pulsierenden und farbenfrohen Nachtleben andererseits ist die Sicht von oben auf die Stadt zu jeder Tages- und Nachtzeit besonders eindrucksvoll. Folglich gibt es in der Stadt zahlreiche Möglichkeiten, im wörtlichen Sinne hoch hinaus zu kommen: Helikopterrundflüge, das Riesenrad High Roller, der Stratosphere Tower, der APEX Social Club im Hotel The Palms und viele weitere Bars in zahlreichen Hotels am legendären Las Vegas Strip. Alle haben jedoch etwas gemeinsam: Wie eigentlich alle Aktivitäten in Las Vegas sind sie nicht kostenlos und zudem stets gut besucht. Es ist geradewegs unmöglich, der Sonne aus einer besonderen Perspektive andächtig dabei zuzusehen, wie sie langsam hinter die Spring Mountains sinkt und die Amüsiermeile funkeln lässt, während sie den Rest der Stadt in ein leuchtendes Orange taucht.

Anders verhält es sich am Sunset Point: Dieser Aussichtspunkt am äußersten Rand der Stadt am Fuße des Frenchman Mountain ist unter freiem Himmel gelegen und absolut kostenlos, außerdem mit dem Auto direkt zu erreichen. Der Blick auf die Stadt ist beeindruckend. Empfehlenswert ist der Besuch vor allem zum Sonnenuntergang, der durch den ungehinderten Blick nach Westen wirklich überwältigend ist.

Für die perfekte Aussicht ist es noch nicht einmal notwendig, den Frenchman Mountain zu erklimmen. Auch wenn schon der Blick aus dem parkenden Auto zu genießen ist, reichen wenige zusätzliche Schritte auf die Hügel rechts oder links der Straße, um diese Einmaligkeit aus der ersten Reihe zu genießen. Keine anderen Touristen, aber sehr wohl ein paar Einheimische treffen sich zum Sonnenuntergang an dem lauschigen Plätzchen.

Und wem das noch nicht genug ist, der fährt aus Richtung Las Vegas kommend die Straße einfach knappe 14 Kilometer weiter auf die Northshore Road, die als NV-167 den nördlichen Teil des Lake Mead umspannt. Nach dem Erblühen des Lichtermeeres der Stadt könnte die hereinbrechende Nacht kaum kontrastreicher beobachtet werden, als zum Beispiel am Government Wash das Aufziehen der Sterne über dem Lake Mead zu bestaunen. Diese kleine Landzunge im nördlichen Teil des Sees ist für Besucher bequem mit dem Auto erreichbar und eröffnet in absoluter Dunkelheit einen ungehinderten Blick auf das beeindruckende Sternenzelt am Himmel.

Info

Lage: Der Sunset Point liegt am Fuße des Frenchman Mountain, am östlichen Ende der Stadt, zwischen der Nellis Air Force Base und dem Lake Mead. Nächste Stadt: Las Vegas, NV. GPS: 36.198717, -115.011119.

Anfahrt: Die I-15 an der Abfahrt 45 verlassen und der NV-147 (East Lake Mead Boulevard) für 12 km folgen.

Öffnungszeiten: immer

Webseiten:

- *Las Vegas:* visitlasvegas.com
- *Lake Mead National Recreation Area:* nps.gov/lake/index.htm
- *Helikopterrundflüge:* maverickhelicopter.com, papillon.com
- *High Roller:* caesars.com/linq/high-roller
- *Aussichtsplattform Stratosphere Tower:* stratospherehotel.com/Attractions/Observation-deck
- *APEX Social Club:* palms.com/apex.html

21. White Owl Trail: Kleiner, aber feiner Slot Canyon mit gefiederten Bewohnern

Eulen, Kojoten, ein enger Canyon und Muscheln unter den Schuhen – der White Owl Trail in der Lake Mead National Recreation Area ist in vielerlei Hinsicht eine wirklich überaus lohnenswerte und abwechslungsreiche Wanderung.

Türkisblaues Wasser trifft auf sandige Wüstenlandschaft: Diese Kombination wird im Südwesten der USA häufig nur mit dem Lake Powell bei Page in Arizona in Verbindung gebracht. Beim Anflug auf Las Vegas sind so viele Besucher überrascht, dass die Casino-Stadt in Süd-Nevada ähnliches zu bieten hat. Der Lake Mead ist vom Las Vegas Strip in nur circa 30 Minuten mit dem Auto zu erreichen. Zwei Eingänge führen in das Schutzgebiet, das unter der Verwaltung der US-Nationalparkbehörde steht.

Der Ausgangspunkt für die circa vier Kilometer lange Wanderung beginnt am 33-Hole-Overlook, einem Picknickplatz am äußerst nordwestlichen Ausläufer des Sees. Vom zweiten Tisch der äußersten linken Gruppe an Picknickplätzen markiert ein in nordwestlicher Richtung verlaufender Trampelpfad den Beginn der Wanderung. Dieser leitet Wanderer über einen steilen Abstieg auf eine mit hohen Sträuchern bewachsene Ebene. Der Weg führt etwa 150 Meter weiter in nordwestlicher Richtung über den mit Muscheln und Sedimenten übersäten einstigen Grund des Sees, bevor er in einem sanften Bogen gen Südwesten Kurs auf die Felswände nimmt. Der Gang über den Grund des Sees ist beeindruckend wie beängstigend zugleich. Es bedarf schon einiger Fantasie, um die Vorstellung, dass hier vor einigen Jahrzehnten alles tief unter Wasser stand, zum Leben zu erwecken. Einige verrostete Getränkedosen und andere seinerzeit über Bord geworfene Überbleibsel der unternehmungslustigen Spaßkultur der 1980er- und 1990er-Jahre verdeutlichen eindrucksvoll, dass der Pegelstand des Lake Mead über die vergangenen 30 Jahre um beachtliche 45 Meter abgesunken ist. Mittlerweile sind hier anstatt von Fischen nur noch Kojoten und Dickhornschafe heimisch.

Nach wenigen hundert Metern ist die Mündung des Canyons in Sichtweite. Die Wanderung folgt dem linken (südlicheren) Arm des Canyons und führt zwischenzeitlich über eine leichte Erhebung, die einstige Strandlinie des Sees, bevor die Canyonwände enger rücken und der spannende Teil der Wanderung beginnt.

Schroffe und enge Felswände

Barn owl

Die hier heimischen *barn owls* (Schleiereulen) nutzen die steilen, geschwungenen Felswände zum Nisten. Da es sich um sehr scheue Tiere handelt, empfiehlt es sich zu Brutzeiten die Wanderung von hier ohne größere Geräuschentwicklung fortzusetzen. Durch den weißen Vogelkot sind die Nistplätze in einiger Höhe gut auszumachen.

Weiter im *wash* wartet nach dem ersten engen Abschnitt des Canyons ein unterirdischer Wasserkanal, den es zu durchschreiten gilt. Durch diese Rohrleitung werden bei Regenfällen die Wassermassen, die sich durch den engen Canyon schieben, unter der Lakeshore Road hindurch geleitet. An heißen Sommertagen versprüht das Schatten spendende Rohr eine gewisse Anziehungskraft für die Kleintiere der Region. Eine Taschenlampe kann helfen, den Trittbereich etwas auszuleuchten. Kaum ist das Rohr durchschritten, wartet eine weitere Passage des Canyons darauf entdeckt zu werden. Zwar stehen die Felswände auf den folgenden 400 Metern nicht mehr ganz so eng zusammen, jedoch wird das Canyon-Erlebnis

Unterwegs auf besonderen Wegen

dadurch kaum geschmälert. Der folgende unterirdische Wasserkanal ist das Ende der Felsschlucht und markiert gleichzeitig den Umkehrpunkt der Wanderung. Über dem Wasserrohr verläuft an dieser Stelle keine Straße, sondern der River Mountains Loop Trail, ein insgesamt 55 Kilometer langer, asphaltierter kombinierter Rad- und Fußweg. Dieser umrundet die gut 1000 Meter hohe Berglandschaft, die den Lake Mead vom Las Vegas Valley trennt.

Wanderfreudige Besucher können über den River Mountains Loop Trail zum Shoreline Trail gelangen, der parallel zum Las Vegas Creek wieder in Richtung des Parkplatzes führt. Über diesen Umweg lässt sich die Wanderung insgesamt in ihrer Länge verdoppeln. Als Belohnung für diese Anstrengung hält der Shoreline Trail einige faszinierende Blicke auf den Lake Mead bereit.

Info

Lage: In der Lake Mead National Recreation Area. Nächste Stadt: Las Vegas, NV. GPS: Parkplatz 36.111126, -114.843970, Eingang zum White Owl Canyon 36.110256, -114.849779.

Anfahrt: Vom Stadtzentrum Las Vegas' der I-515 für 21,5 km nach Süden folgen und an der Ausfahrt 61B auf den Lake Mead Parkway abbiegen. Der Straße 14 km bis in die Lake Mead National Recreation Area folgen und 6,2 km nach Passieren der Einfahrt links in den Parkbereich 33 Hole Overlook einbiegen.

Wanderung: leicht-moderat, Länge: 4 km (Rundweg)

Öffnungszeiten: immer

Eintritt: 25 USD/Pkw für einen Tag, der Nationalpark-Jahrespass ist gültig.

Webseiten:
- *Lake Mead National Recreation Area*: nps.gov/lake
- *River Mountains Loop Trail*: rivermountainstrail.org
- *Las Vegas*: visitlasvegas.com

Hinweise:
- Anders als in vielen anderen Naturschutzgebieten sind die Wanderwege in der Lake Mead National Recreation Area nicht beschildert. Eine gute Orientierungsfähigkeit sowie eine akkurate Karte oder ein GPS-Gerät sollten also zwingend mitgenommen werden.
- Aufgrund des teilweise sehr hohen Gestrüpps empfiehlt sich lange Kleidung.

22. Bowl of Fire: Inmitten von feuerroten Felsen

Beim Blick nach rechts strahlt der bizarr geformte Sandstein in einem leuchtenden Rot. Beim Blick nach links – das gleiche Bild. Die Bowl of Fire gebührt ihrem Namen wirklich alle Ehre und lässt stark erodierten Sandstein in kräftigen Rot- und Orangetönen erstrahlen so weit das Auge reicht. Umgeben nur von einigen Kakteen und Salbeibüschen verirrt sich sonst kaum ein Besucher an diesen beeindruckend wilden Ort inmitten der Lake Mead National Recreation Area.

Die Bowl of Fire ist nicht zu verwechseln mit dem Valley of Fire. Zwar liegen beide Gebiete in der Nähe zu Las Vegas, aber bei der Bowl of Fire handelt es sich nicht etwa auch um einen gut erschlossenen *state park*, sondern um ein abgelegenes Gebiet in der zum Lake Mead-Erholungsgebiet gehörenden Muddy Mountain Wilderness. Umgeben von gräulichen Kalksteinbergen vermittelt die Bowl of Fire den Eindruck, fast vollständig in einer Welt aus rotem Sandstein eingeschlossen zu sein. Es ist derselbe Sandstein, der das ähnlich farbenfrohe Valley of Fire prägt.

Besucher, die etwas Zeit mitbringen, um das Areal auf eigene Faust zu erkunden, werden mit *arches*, kleineren Einkerbungen, Höhlen, versteinerten Dünen, Felsnadeln und auch einem elefantenähnlichen Felsblock belohnt. Einmal in der *bowl* angekommen, gibt es keine Route, keinen bestimmten Weg, den es einzuhalten gilt. Die sich über fünf Kilometer Breite erstreckende Landschaft lädt dazu ein, nach Lust und Laune, kreuz und quer umherzustreifen und die vielen kleinen wie großen aufregenden Details zu erforschen. Nach Norden werden die Felsen noch facettenreicher und wirken insgesamt farbenfroher. Dafür ist hier durch das etwas unwegsamere, teils anspruchsvolle Gelände allerdings auch das Vorankommen schwieriger.

Die Bowl of Fire ist nicht direkt mit dem Auto zu erreichen. Besucher haben zwei mögliche Startpunkte für die Wanderung, die hier eher das notwendige Übel als ein eigenes Spektakel ist. Entlang der Northshore Road ist an Meilenmarker 18.2 eine Haltebucht, die als Parkplatz dient. Hier beginnt die Wanderung in nördlicher Richtung und führt östlich an dem circa 450 Meter von der Straße entfernten Hügel vorbei. Von hier geht es in nordwestlicher Richtung immer auf die Engstelle zu, die den Eingang zur Bowl of Fire markiert. Bevor die Entdeckung des beeindruckenden Gebietes aber beginnen kann, gilt es noch das ausgetrocknete

Spannende Farbzeichnungen im Sandstein

Überall finden sich kleine Höhlen.

Ein Meer aus rotem Sandstein

Flussbett des Calville Wash zu queren und dem kleinen Pfad in Richtung der Engstelle zu folgen.

Für die zweite Möglichkeit, sich der Bowl of Fire zu nähern, braucht es neben einem allradfähigen Fahrzeug auch noch erste Erfahrungen im Fahren in tiefsandigen Passagen. Der Calville Wash ist nämlich hier Teil des offiziellen Straßennetzes und darf befahren werden. Der großartige Spaß für abenteuerfreudige Fahrer beginnt ab Meilenmarker 16: Hier muss die Northshore Road nach Norden auf die Calville Washington North Road verlassen werden. Es folgt circa drei Kilometer feinster Offroad-Spaß im ausgetrockneten Flussbett. An der Stelle, an dem die zuvor beschriebene Wanderung den Calville Wash quert, kann das Fahrzeug außerhalb neben dem „Straßenverlauf" abgestellt werden. Von hier ist der Rest des Weges zu Fuß auf der zuvor beschriebenen Route zurückzulegen.

Info

Lage: In der Lake Mead National Recreation Area, Muddy Mountain Wilderness. Nächste Stadt: Las Vegas, NV. GPS: Parkplatz Straße 36.210901, -114.656439, Parkplatz Wash 36.21583,-114.663934, Eingang Bowl 36.221450, -114.667527, Ende Trail 36.226235, -114.670231.

Anfahrt: In Las Vegas die I-15 an der Ausfahrt 45 nach Osten auf den Lake Mead Boulevard (NV-147) verlassen. Nach 24 km den Eingang der Lake Mead National Recreation Area passieren, um nach weiteren 3 km links auf die Northshore Road (NV-167) einzubiegen. Nach 24 km ist der Parkplatz (Straße) erreicht.

Wanderung: moderat-schwierig, Länge: ca. 8 km

Öffnungszeiten: immer

Eintritt: 25 USD/Pkw für einen Tag, der Nationalpark-Jahrespass ist gültig.

Webseiten:
- *Lake Mead National Recreational Area*: nps.gov/lake
- *Muddy Mountain Wilderness*: travelnevada.com/discover/31988/muddy-mountains-wilderness
- *Las Vegas*: visitlasvegas.com

Hinweis: Anders als in vielen anderen Naturschutzgebieten sind die Wanderwege in der Lake Mead National Recreation Area nicht beschildert. Eine akkurate Karte oder ein GPS-Gerät sollten also mitgenommen werden.

Utah: Der Osten

23. False Kiva Trail: Unbekannte Wanderung in bekanntem Park
24. Big Horn Overlook: Wo die Sonne hinter den Hörnern versinkt
25. Corona Arch und Bowtie Arch: Moabs schönste Felsbögen
26. Delta Pool: Wanderung wie auf dem Mond
27. Onion Creek Narrows: Knöcheltief waten durch Moabs Schluchten
28. Fisher Towers: Wo zerklüftete Sandsteinzinnen den blauen Himmel durchschneiden

Moabs Wüstenlandschaft

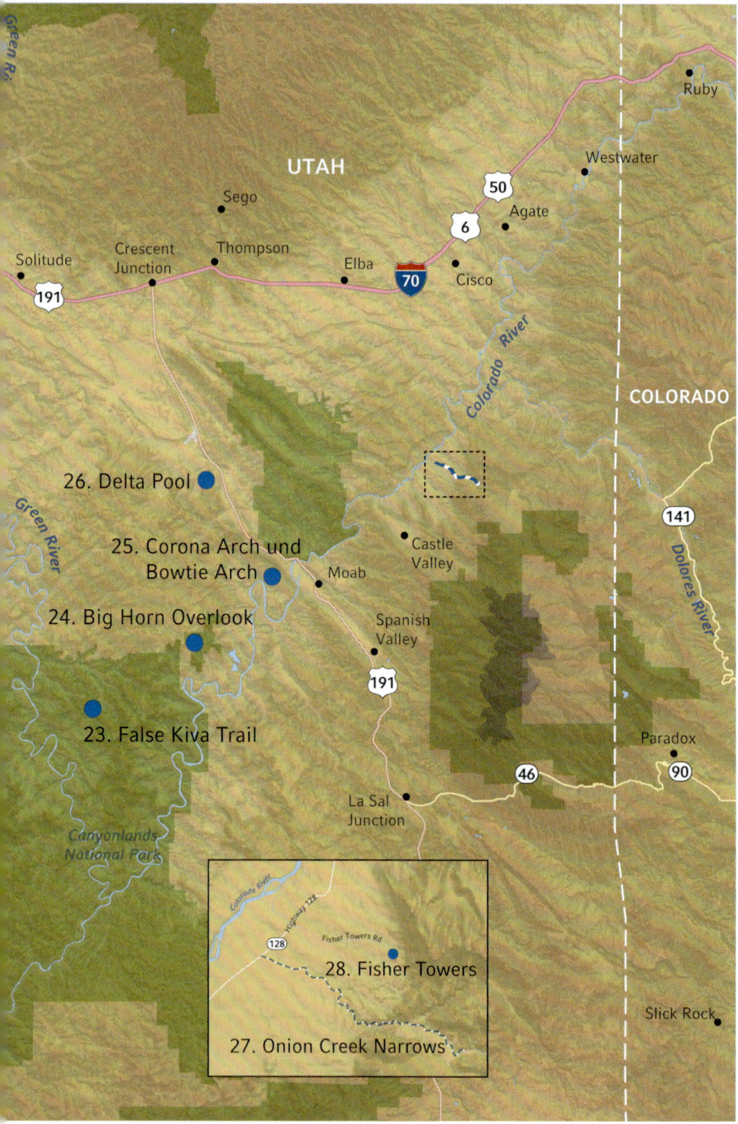
UTAH
COLORADO
Green Ri.
Ruby
Westwater
50
Sego
Agate
6
Solitude
Crescent Junction
Thompson
Elba
70
Cisco
191
Colorado River
26. Delta Pool
Green River
141
25. Corona Arch und Bowtie Arch
Castle Valley
Moab
Dolores River
24. Big Horn Overlook
Spanish Valley
191
23. False Kiva Trail
Paradox
46
90
La Sal Junction
Canyonlands National Park
Colorado River
Highway 128
128
Fisher Towers Rd
28. Fisher Towers
Slick Rock
27. Onion Creek Narrows

23. False Kiva Trail: Unbekannte Wanderung in bekanntem Park

Wenige Orte im Südwesten der USA wirken so monumental und einzigartig wie die False Kiva. Abgelegen und einfach wunderschön ist sie lange Zeit der Inbegriff für Wanderungen abseits der ausgetretenen Pfade gewesen. Im Jahr 2018 wurde der Zutritt in die Höhle beschränkt. Dies war für viele Abenteurer eine niederschmetternde Entscheidung – aber die Wanderung bleibt weiterhin möglich und ein absoluter Garant für wunderschöne Natur und Einsamkeit.

Das Wort „Kiva" stammt aus der Sprache der Hopi-Indianer und beschreibt für Pueblo-Kulturen einen teilweise oder vollständig unterirdisch angelegten zeremoniellen Ort. Oftmals wurden Kivas künstlich errichtet – dies unterscheidet sie von der falschen Kiva (der False Kiva). Sie ist eine große Höhle, die dennoch zu zeremoniellen Zwecken genutzt wurde.

Die False Kiva befindet sich im Island in the Sky District des Canyonlands National Park. Die Wanderung jedoch ist in keinen Broschüren und Karten der Parkverwaltung zu finden. Dies war auch schon der Fall, bevor die zuständigen Stellen nach einer Häufung von Vandalismusfällen entschieden haben, den Zugang in die Höhle auf unbestimmte Zeit auszusetzen.

Unverwechselbarer Blick aus der Höhle

Geschütztes Kulturgut

Aber die Wanderung zu diesem kulturell bedeutsamen Ort bleibt weiterhin ein echtes Highlight und im oftmals gut besuchten Nationalpark eine tolle Möglichkeit, den Besucherströmen auszuweichen. Startpunkt ist der Alcove Spring Trailhead entlang der Upheaval Dome Road im Park. Die eigentlich Wanderung beginnt circa 200 Meter südlich des Parkplatzes auf einem nach rechts abgehenden Trampelpfad. Da der Trail nicht ausgezeichnet ist, bedarf es eines gewissen Orientierungssinns oder besser eines GPS-Geräts, um die Wanderung sicher zu meistern. Der Hike ist für absolute Anfänger nicht besonders gut geeignet, da nach gut 500 Metern ein kleiner Absatz zu zu überwinden ist. Außerdem führt die insgesamt nur rund 1,5 Kilometer lange Wanderung über weite Strecken an der steilen Abbruchkante entlang, ohne dieser jedoch jemals gefährlich nahe zu kommen. Für Besucher mit Höhenangst ist die Wanderung daher nur bedingt empfehlenswert.

Der Ausblick während der gesamten Wanderung ist atemberaubend. Besucher bekommen schnell das Gefühl, den Nationalpark mit seiner einzigartigen Natur nur für sich zu haben. Hohe Sandsteinfelsen, weite Ebenen und der Green River im Hintergrund. Unberührt und faszinierend schön – so überzeugt die Wanderung, auch wenn es einigen Besuchern schwer fallen mag, die letzten Meter in die Höhle nicht gehen zu dürfen. Dennoch ist die Sperrung zum Schutz dieser bedeutenden Kulturgüter amerikanischer Geschichte auf jeden Fall bedingungslos zu respektieren, nicht nur weil eine Zuwiderhandlung kein Kavaliersdelikt ist, sondern empfindsame Geld- und Gefängnisstrafen drohen.

Info

Lage: Im Südosten Utahs, im Canyonlands National Park. Nächste Stadt: Moab, UT. GPS: Parkplatz 38.423219, -109.908765, Beginn Trail 38.421054, -109.908625, kleiner Abhang 38.418746, -109.912321, letzte Abbiegung 38.417510, -109.916853, Trailende 38.418746, -109.918803.

Anfahrt: Moab nordwärts auf der US-191 verlassen und nach 18 km links auf die UT-313 abbiegen. Nach weiteren 33 km ist der Nationalpark erreicht. Nach 12 km rechts auf die Upheaval Dome Road biegen, weitere 6 km bis zum Parkplatz fahren.

Wanderung: moderat-schwer, Länge: ca. 3 km Rundweg, nicht geeignet bei Höhenangst

Öffnungszeiten: immer

Eintritt: 30 USD/Pkw, der Nationalpark-Jahrespass ist hier alternativ gültig.

Webseiten:
- *Canyonlands National Park*: nps.gov/cany/index.htm
- *Polizeiliche Ermittlungsstelle der Nationalparkverwaltung*: nps.gov/orgs/1563/index.htm
- *Sperrung Höhle*: fstoppers.com/landscapes/vandalism-false-kiva-canyonlands-closes-access-277714

Hinweise: Vandalismus und die Zerstörung wertvoller Natur- und Kulturgüter stellen für die vielzähligen Naturschutzgebiete der USA ein ernstzunehmendes Problem da. Damit der Zugang zum wunderschönen Hinterland auch zukünftig weitestgehend unreguliert möglich ist, können verdächtige Aktivitäten direkt an die Nationalparkbehörde gemeldet werden.

24. Big Horn Overlook: Wo die Sonne hinter den Hörnern versinkt

Die warme Abendsonne schiebt sich langsam hinter den Horizont und bricht sich dabei an den zackigen Felstürmen, die in der breiten 600 Meter tiefen Felsschlucht stehen. Das warm-rote Licht hüllt die gesamte Szenerie in eine gleichermaßen unwirkliche wie schöne Stimmung. Von den Besuchertrauben, die nur wenige hundert Meter weiter dem Sonnenuntergang am Dead Horse Point Overlook entgegenfiebern, ist hier nichts mehr zu spüren.

Mit über 700.000 Besuchern im Jahr 2018 ist der Dead Horse Point State Park wahrlich kein Geheimtipp abseits der ausgetretenen Pfade. Durch die Nähe zum Island in the Sky District des Canyonlands National Park, der wirklich spektakuläre Aussichten besonders zu Sonnenuntergang zu bieten hat, statten viele Besucher dem Dead Horse Point State Park nur eine Stippvisite ab. Der Dead Horse Point ist dabei der Ort, die die überwiegende Mehrheit die europäischen Besucher anzieht. So reihen sich zum Sonnenuntergang Fotografen und Naturliebhaber eng aneinander, um erstaunt zu beobachten, wie die Sandsteinwüste ihr rotes Gewand um den malerisch gewundenen Colorado anlegt.

Ungehinderter Blick in den wunderschönen Canyon

Von den Besucherströmen fast gänzlich unbemerkt, sind jedoch sogar selbst die relativ kurzen, unbekannteren Trails des Parks ein Garant für eine nahezu ungestörte Atmosphäre während dieses beeindruckenden Naturschauspiels.

Am Big Horn Overlook bietet sich ein ungehinderter Blick auf den tief unten liegenden Shafer Canyon und eine freistehende Felsformation, die an ein Paar Dickhornschafe erinnert, die hier ihren Lebensraum haben. Die imposanten Tiere, Überlebenskünstler in der Wüste, sind meist am Tage nicht auszumachen, sondern vorzugsweise in den frühen Abendstunden zu beobachten.

Vom Besucherzentrum oder dem Kayenta Campground führt ein knapp zwei Kilometer langer Trail an den westlichen *rim* des gigantischen Sandstein-Plateaus, auf dem der Park thront. Die Wanderung ist weitestgehend eben und rudimentär markiert. An vielen Stellen der Wanderung bietet sich die Chance, an der steil abbrechenden Hangkante einen Moment zu verweilen und die großartige Aussicht zu genießen. Auf der gegenüberliegenden Seite, noch hinter dem Shafer Canyon, ist das östliche Ende des Canyonlands National Park in circa fünf Kilometern Entfernung auszumachen. Der *rim* ist mit Bäumen und Sträuchern bewachsen und

an eigentlich allen Stellen frei zugänglich, eine Absperrung ist nicht vorhanden. Bei der verständlichen Euphorie über die tollen Fotomotive ist aber die notwendige Vorsicht geboten. Der Sandstein kann direkt an der Kante schon porös und brüchig sein. Sollten vor dem Besuch einige Regenschauer über das Land gezogen sein, so bieten einige flache *potholes* auch an diesem Ort wunderschöne Reflexionen des roten Sandsteins und sich langsam verfärbenden Abendhimmels.

Trotz der Lage innerhalb des Parks, der relativen Nähe zum Besucherzentrum und des dort ansässigen Campingplatzes kommt auf der Wanderung zum Big Horn Overlook schnell der Eindruck auf, dass es sich um eine Wanderung fernab jeglicher Zivilisation handelt. Umso einzigartiger ist das Erlebnis. Zumal von diesem Punkt des Parks der Blick nach Westen fast ungehindert möglich ist, was den Sonnenuntergang noch eine Spur schöner wirken lässt als am gut besuchten Dead Horse Point.

Wanderfreudige Besucher können den Hike zum Big Horn Overlook zudem mit einem Besuch an dem etwas weiter südlich liegenden Rim Overlook verbinden. Dieser befindet sich nur rund 800 Meter westlich des Kayenta Campground. Es empfiehlt sich dann, zuerst den Rim Overlook

anzusteuern und von hier dem Trail entlang der Abbruchkante bis zum Big Horn Overlook zu folgen.

Info

Lage: Im Dead Horse Point State Park, 40 Min. nordöstlich von Moab, UT. GPS: Parkplatz 38.488699, -109.736125, Big Horn Overlook 38.496381, -109.747592, Rim Overlook 38.488569, -109.749490.

Anfahrt: Moab auf der US-191 nordwärts verlassen, links auf auf die UT-313 abbiegen und dem Straßenverlauf bis zum Parkeingang folgen.

Wanderung: leicht, Länge: ca. 4,5 km (Rundweg)

Öffnungszeiten: immer

Eintritt: 20 USD/Pkw, da es sich um einen *state park* handelt, ist der Nationalpark-Jahrespass hier nicht gültig.

Webseiten:

- *Dead Horse Point State Park*: stateparks.utah.gov/parks/dead-horse
- *Canyonlands National Park*: nps.gov/cany/index.htm
- *Moab*: discovermoab.com

25. Corona Arch und Bowtie Arch: Moabs schönste Felsbögen

Während sich im nahe gelegenen Arches National Park beizeiten die Autos wie eine Blechlawine aneinanderreihen und kein Foto mehr möglich ist, ohne dass andere Touristen durch das Bild laufen, kann hier trotz der Nähe zu Moab einer der größten Steinbögen der USA in aller Ruhe genossen werden.

Imposanter Corona Arch

Um das durch die Gezeiten geformte Steinwunder auch wirklich so ungestört in Augenschein zu nehmen, empfiehlt sich ein Besuch am frühen Morgen – auch wegen der steigenden Temperaturen, denn der Trail liegt ab zehn Uhr vollständig in der Sonne.

Der Weg führt zu Beginn ein kurzes Stück bergauf. Der offizielle Startpunkt der Wanderung ist eine kleine Informationstafel. Kaum ist sie passiert, kreuzt der Wanderweg die Potash Railroad, auf der 30 Jahre lang

Kaliumcarbonat aus den nahe gelegenen Abbaugebieten zur Interstate 70 transportiert wurde. Ab hier ist das typische Trailbild des Südwestens zu erkennen: Große und kleine Steinmännchen säumen den rotsandigen, staubigen Weg, begleitet von zahlreichen kleinen Kakteen am Wegesrand. Es gibt keine Schwierigkeiten, sich unterwegs zurechtzufinden.

Der Untergrund wechselt von Sand auf blanken Stein. Dem Weg folgend, geht es erst seitlich auf einer schmalen Trittfläche balancierend an einer Felswand vorbei und im Anschluss auf ein kleines Plateau hinauf.

Bow Tie Arch

Halt bieten die in den Stein geschlagenen Ketten und beim Aufstieg mehrere in den Fels geformte Trittstufen. Die letzte Hürde ist eine fest installierte Leiter, die sich ohne Probleme passieren lässt. All diese Abschnitte können auch Besucher ohne Kletterkenntnisse meistern.

Ab hier sind die beiden fast nebeneinanderliegenden *arches* wirklich gut zu erkennen. Der Bowtie Arch zeichnet sich durch ein riesiges Loch in der oberen Felsdecke aus (ein typischer *pothole arch*). Der gigantische Corona Arch wird wegen seiner Abmessungen und Form (Breite 43 Meter und Höhe 32 Meter) auch Little Rainbow Bridge genannt, angelehnt an die 82 Meter lange Rainbow Bridge am Lake Powell. Im Vergleich hierzu ist der bekannte 20 Meter hohe Delicate Arch im nahe gelegenen Nationalpark gerade zu klein.

Erst direkt unter dem Corona Arch lässt sich das wahre Ausmaß dieses Giganten erfassen. Er wirkt scheinbar riesig. Waghalsige Extremsportler haben vor ein paar Jahren genau an diesem Ort die weltgrößte Schaukel gebaut und sind dabei durch den Steinbogen geschwungen. Ein Abenteuer, das auch schon jemand mit seinem Leben bezahlt hat.

Rechtzeitig aufgestanden, schiebt sich jetzt langsam die Sonne hinter der Felskante hervor und blitzt durch den *arch* hindurch. Von hier aus geht es entweder über einen kleinen Umweg zum nahe gelegenen Pinto Arch oder über denselben Trail wieder zum Parkplatz zurück.

Info

Lage: Am Colorado River 27 km westlich von Moab, UT. GPS: Trailhead 38.574778, -109.632481, Corona Arch 38.579957, -109.620117, Bowtie Arch 38.582992, -109.621434

Anfahrt: Moab nordwärts auf der UT-191 verlassen und nach 6,5 km links gen Süden auf die UT-279 (Potash Road) abbiegen. Dem Straßenverlauf entlang des Colorado River folgen. Nach 16 km liegt der Trailhead auf der rechten Straßenseite.

Wanderung: leicht-moderat, Länge: ca. 3 km (Rundweg)

Öffnungszeiten: immer

Eintritt: frei

Webseiten:

- *Arches National Park*: nps.gov/arch/index.htm
- *Moab*: discovermoab.com, visittheusa.de/destination/moab

26. Delta Pool: Wanderung wie auf dem Mond

Der Delta Pool trägt seinen Namen nicht ohne Grund: In dem wie ein Dreieck geformten Sandstein sammelt sich nach Regenfällen das Wasser und reflektiert malerisch die umliegenden Felsen und den blauen Himmel. Wer zur richtigen Zeit diese Wanderung antritt, darf sich über den gigantischen Ausblick vom Delta Pool aus freuen.

Mehrere beeindruckend große Monolithen aus rotem Sandstein zeichnen sich klar von dem ansonsten recht flachen Land ab. Aus der Ferne wirken die Büsche und Bäume zwischen ihnen wie kleine grüne Farbtupfer. Im grünblau des wie ein Dreieck geformten Pools spiegeln sich nur knapp vor der Abbruchkante des Plateaus die vorbeiziehenden Wolken.

Im Südwesten ist Moab als Stadt der spektakulären Aussichten und gigantischen Felsbögen bekannt. Die beiden Nationalparks Arches und Canyonlands prägen mit Attraktionen wie dem Delicate Arch oder Mesa Arch das Bild der Region. Aber auch abseits der beiden so berühmten Nationalparks hält Moab wirklich Sehenswertes bereit.

Aussicht auf Moabs Sandsteingiganten

Zwischen den beiden Parks, nur circa 20 Kilometer nordwestlich von Moab und in unmittelbarer Nähe zum Highway US-191, befindet sich am südlichen Ende eines unbenannten Plateaus der Delta Pool. Durch seine tiefe Lage liegt er weite Teile des Tages im Halbschatten und führt daher auch bei anhaltender Trockenheit noch lange nach dem letzten kräftigen Schauer Regenwasser.

Die kurze, aber anstrengende Wanderung führt vom Parkplatz für 1,6 Kilometer in südsüdöstlicher Richtung auf und über das deutlich zu erkennende Plateau linker Hand des weiteren Straßenverlaufes der Mill Canyon Road. Circa 120 Meter vor Erreichen der Südspitze des Plateaus ändert sich der Felsboden deutlich erkennbar von einer annähernd ebenen und hellen, rau strukturierten Gesteinsdecke zu glatt geschliffenem roten Sandstein mit feinen Linienzügen. Mit ein wenig Glück sind mehrere Pools gefüllt – jedoch keiner so fotogen gelegen wie der knapp 15 Meter lange Delta Pool.

Fast noch spektakulärer als der Pool ist jedoch der fast 270-Grad-Rundblick von dem bei Insidern inoffiziell als Pool Mesa bekannten Plateau.

Delta Pool

Die bei Kletterern sehr beliebten Merrimac Butte und Monitor Butte sind in südlicher Richtung in nur knapp vier Kilometer Entfernung sehr gut zu erkennen. Ebenso scheinen die Felsformationen Determination Towers und Courthouse Rock gefühlt nur eine Armlänge entfernt zu sein.

Zwar ist der Delta Pool nicht über einen gekennzeichneten Trail zu erreichen, aber der Parkplatz des in der Nähe gelegenen Dinosaur Bone Trail bietet dennoch eine geeignete Möglichkeit, das Auto für die Dauer der Wanderung abzustellen. Von der US-191 kommend, ist er nach knapp drei Kilometern rechter Hand auf der Mill Creek Canyon Road gut auszumachen. Im weiteren Verlauf führt die Schotterstraße durch die Ebene südlich der Pool Mesa bis zum Fuße des Merrimac Butte und bietet so eine Möglichkeit, die beeindruckenden Felsformationen aus nächster Nähe zu betrachten.

Info

Lage: Im Osten Utahs, ca. 20 km nordwestlich von Moab. Nächste Stadt: Moab, UT. GPS: Parkplatz 38.712373, -109.739512, Delta Pool 38.700188, -109.733956.

Anfahrt: Von Moab kommend nach 25 km die US-191 nach links auf die Mill Creek Canyon Road verlassen und dieser für 3 km Richtung Südwest bis zum Parkplatz folgen.

Wanderung: moderat-schwierig, Länge: ab 3,5 km, je nach Entdeckungslust.

Öffnungszeiten: immer

Eintritt: frei

Webseiten:

- *Arches National Park*: nps.gov/arch/index.htm
- *Canyonlands National Park*: nps.gov/cany/index.htm
- *Moab*: discovermoab.com
- *Dinosaurier-Wanderungen und Museen*: discovermoab.com/dinosaur-museums-and-hikes

Hinweise:

- Es ist kein ausgeschilderter oder befestigter Trail vorhanden. Aufgrund des teilweise unwegsamen Geländes ist es nicht immer leicht, sich zu orientieren. Kompass oder GPS sind zur besseren Orientierung empfehlenswert.
- Die Wanderung liegt exponiert in der Sonne, es ist kein Schatten spendender Bewuchs vorhanden.

27. Onion Creek Narrows: Knöcheltief waten durch Moabs Schluchten

Die Schritte über den sandigen Untergrund hallen durch den einsamen Canyon, die Schuhe sind nass vom Wasser des Onion Creek, der sich mal als Rinnsal und mal etwas breiter durch die Schlucht windet. Dieser Trail ist ein aufregendes kleines Abenteuer und eine hochwillkommene Abwechslung in Moab.

Moab ist berühmt für die kleinen wie großen Felsbögen: die *arches*, die Wind und Wetter über Jahrtausende in die Sandsteinfelsen gekerbt haben. Allein der gleichnamige Nationalpark fasst mehr als 2000 dieser Bögen in unterschiedlichen Größen.

Durch den Sandstein geschlängelt

Die einst so beschauliche Wüstenstadt am Colorado River expandierte im Angesicht der einzigartigen Natur in der Umgebung über die vergangenen Dekaden schnell. So schnell, dass es an manchen Tagen in den bekannten Naturschutzgebieten der Region schon einmal eng werden kann. Eine Wanderung in die Onion Creek Narrows ist die ideale Outdoor-Aktivität für genau diese Tage, an denen der Besucher den Touristenströmen entkommen möchte.

Bereits 24 Kilometer nordöstlich des Stadtzentrums beginnt das unvergessliche Abenteuer schon mit der Anfahrt zu den *narrows*.

Lehmiger Untergrund des Flussbettes

Inmitten des Canyons

Kurz nach Verlassen des Utah State Highway 128 auf die *dirt road*, die im weiteren Verlauf bis in das Fisher Valley führt, wird noch ein Campingplatz passiert, bevor der Onion Creek das erste Mal überquert werden muss. Je nach Wasserstand gilt es, den Fluss mehr als 20 Mal zu durchfahren. Den Wagen abwechselnd auf der staubigen Piste geschickt durch die Sandsteinlandschaft und dann wieder durch den im Regelfall nicht mehr als 30 Zentimeter Wasser führenden Fluss zu steuern, bereitet auch relativ ungeübten Offroad-Fahrern schnell Freude.

Nach gut zehn Kilometern kündigen sich die *narrows* langsam durch in die Höhe wachsende Felswände an. An einer der zahlreichen sicheren Parkmöglichkeiten lohnt es sich, das Auto abzustellen. Ab hier kann zu Fuß die weitere Erkundung des Canyons in Angriff genommen werden. Es gibt zwar keinen offiziellen Wanderweg, dies ist aber im Flussbett selbst auch nicht notwendig. Es geht einfach flussaufwärts und damit zielsicher tiefer in den Canyon.

Umgeben von teilweise über hundert Meter hohen Felswänden erstrecken sich die *narrows* über eine Länge von rund 1,5 Kilometer bis sich die Landschaft wieder öffnet. An zahlreichen Stellen muss der Fluss bei der Wanderung im Canyon überquert werden. Dies ist gerade im Sommer eine erfrischende Abwechslung.

Die rechts und links des Weges zu bewundernden Sandsteinformationen wirken wie aus einer anderen Welt. Erosionen haben die relativ weichen Felsen in bizarr-schroffe Skulpturen verwandelt. Die kontrastreiche Kombination von fließendem Wasser, Sandstein und Sonnenschein entfaltet unbestreitbar eine besondere Anziehungskraft, die im Onion Creek gleichermaßen einfach wie abwechslungsreich erlebt werden kann.

Und auch wenn die Felswände an einigen Stellen bis auf mehrere Meter aneinanderrücken, so kann maximal von einer Engstelle, jedoch nicht von einer Klamm oder einem Slot Canyon gesprochen werden. Dennoch ist eine Wanderung entlang des Onion Creek definitiv empfehlenswert. Und selbst im Hochsommer zur Mittagszeit spenden die Canyonwände bereitwillig Schatten und versprechen Ruhe von den Touristenströmen Moabs.

Info

Lage: 30 Min. nordöstlich von Moab, UT, im Grand County, nahe der UT-128. GPS: Abzweigung von der UT-128 (State Route) 38.724187, -109.355448, Beginn *narrows* 38.699104, -109.283886.

Anfahrt: Moab auf der US-191 nordwärts verlassen, rechts auf die UT-128 abbiegen, nach 33 km rechts auf die Rose Garden Hill Safari Route (BLM 100), dem Straßenverlauf für ca. 10 km folgen.

Wanderung: leicht, Länge: ca. 3 km

Öffnungszeiten: immer

Eintritt: frei

Webseiten:
- *Moab Hiking*: visitutah.com/things-to-do/hiking/moab-hiking
- *Arches National Park*: nps.gov/arch/index.htm
- *Canyonlands National Park*: nps.gov/cany/index.htm

Hinweise:
- Bitte vor Abfahrt Informationen über den Straßenzustand einholen.
- Bei hohem Wasserstand und Strömungsgeschwindigkeit den Fluss nicht mit dem Fahrzeug queren.
- Nicht im trockenen Flussbett parken, hierfür höher gelegene Areale wählen.

28. Fisher Towers: Wo zerklüftete Sandsteinzinnen den blauen Himmel durchschneiden

Kletterer schwingen sich in schwindelerregender Höhe die letzten Meter die imposante Sandstein-Finne hinauf, während das Sonnenlicht die Szenerie mit ihrer warmen Farbstimmung verzaubert und der Wind die farbenfrohen Blütenmeere vor dem roten Sandstein tanzen lässt. Die Fisher Towers sind ein wunderschönes Naturerlebnis in Moab, das in dem Städtchen im Osten Utahs für etwas Abwechslung auf dem Tagesplan sorgt.

Frühlingsblumen vor den zerklüfteten Sandsteinzinnen

Bereits die Anfahrt hierher ist ein wahres Highlight. Die State Road 128 windet sich am Fuße der engen Schlucht nordostwärts aus Moab und dem Spanish Valley ins nahe gelegene Castle Valley. Der Colorado River hat diese Schneise in Jahrtausende langer Arbeit in den Felsen gewaschen und leitet die Straße noch heute um jede Biegung. Der kurvenreiche Streckenverlauf und gigantische Sandsteinwände zu beiden Seiten der Straße sorgen für einen stetig neuen Ausblick und atemberaubende Panoramen in den Spiegelungen des Flusses. Glücklicherweise bieten sich auf der knapp 40 Kilometer langen Fahrt viele Möglichkeiten für ausgedehnte Stopps auf Hin- oder Rückfahrt zu den Fisher Towers.

Imposante Höhe

Spätestens mit Verlassen der Hauptstraße sind nun auch die gigantisch hohen Finnen erkennbar, die der Wanderung ihren Namen geben. Die Fisher Towers Road verbindet die UT-128 über eine drei Kilometer lange Schotterpiste mit dem Parkplatz des Trails. Von hier lässt sich mit einer bis zu sieben Kilometer langen Wanderung (Hin und- Rückweg) eine enorme Vielfalt an Sandsteinformationen erleben. Wie aus rotsandigem Felsen gemeißelt, sind jedoch die Zinnen, auch *tower* genannt, das imposante Highlight der Tour. Die Kombination aus weichem Sandstein und starken Regenfällen lässt die Oberflächenstruktur der Felsen aussehen wie die Überbleibsel einer großen Tropfsteinhöhle.

Die Finnen, deren größter Vertreter – der Titan – stolze 300 Meter Höhe misst, erstrecken sich entlang der südwestlichen Kante eines Steilhang-Plateaus. Der Trail verläuft südwärts und endet an einem Aussichtspunkt, der nicht nur einen spektakulären Blick auf die *towers*, sondern auch auf das sich hier ausbreitende Fisher Valley und den Onion Creek gewährt. Jedoch ist bereits während der Wanderung die Landschaft so beeindruckend und facettenreich, sodass es nicht zwangsläufig notwendig ist, den Trail bis zum Ende zu gehen. Der Streckenverlauf bietet viele verschiedene Blickwinkel auf die schöne umliegende Landschaft. Und auch der fotogene Titan lässt sich bereits spätestens nach dem Umwandern der zweiten Finne fotografisch gut in Szene setzen. Hierbei bilden die La Sal Mountains, die in der Region um Moab immerwährend den Horizont zieren, das i-Tüpfelchen der interessanten Landschaft. Zur richtigen Jahreszeit schaffen bunte Blüten entlang des Weges einen grandiosen Kontrast zu dem Rot der Felsen und dem Blau des Himmels. Ein besonderes Farbspektakel ist die Wanderung frühmorgens oder abends, wenn die tiefen Rottöne in allen Schattierungen geradewegs leuchten und das harsche Sonnenlicht nicht die feinen Kontraste der Felsen schluckt.

Der Titan erfreut sich nicht nur bei Fotografen, sondern auch bei Kletterern großer Beliebtheit. Für Laien und Kletterfreunde ist es gleichermaßen beeindruckend, wie sich die abenteueraffinen Sportler die senkrechte Felswand hinauf arbeiten.

Info

Lage: 40 Min. nordöstlich von Moab, UT, im Grand County, nahe der UT-128. GPS: Abzweigung von der UT-128 (State Route) 38.724187, -109.355448, Trailhead 38.724853, -109.308933, Titan 38.717045, -109.299850.

Anfahrt: Moab auf der US-191 nordwärts verlassen, rechts auf die UT-128 abbiegen, nach 34 km rechts auf die Fisher Towers Road, dem Straßenverlauf für ca. 3 km bis zum Campingplatz folgen.

Wanderung: moderat, Länge: ca. 7 km

Öffnungszeiten: immer

Eintritt: frei

Webseiten:
- *Moab*: discovermoab.com
- *Fisher Towers*: visitutah.com/things-to-do/hiking/moab-hiking/fisher-towers

Hinweise:
- Die Landschaft bietet kaum Schutz vor der kräftig scheinenden Nachmittagssonne. Eine Wanderung zu dieser Tageszeit sollte vor allem in den extrem heißen Sommermonaten wohl überlegt sein.
- Die schönsten Farben zeigen sich in der „Goldenen Stunde" kurz vor Sonnenuntergang.

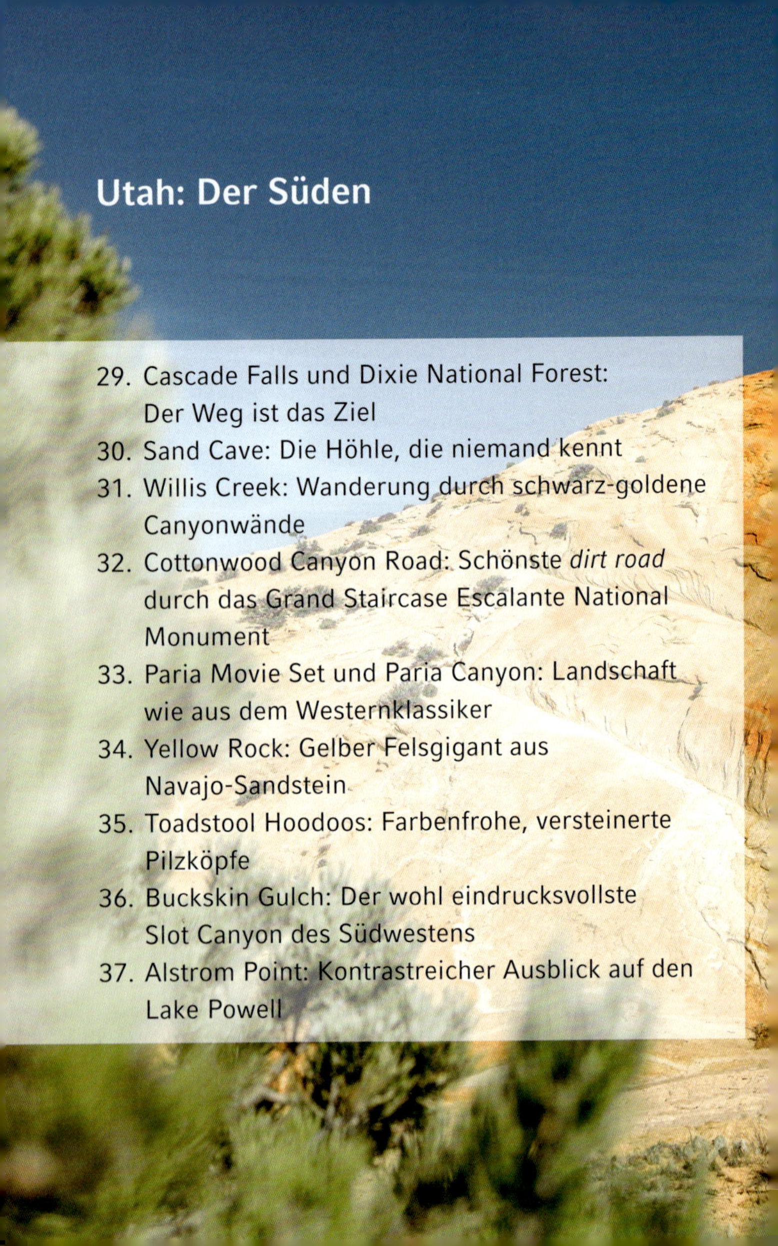

Utah: Der Süden

Yellow Rock

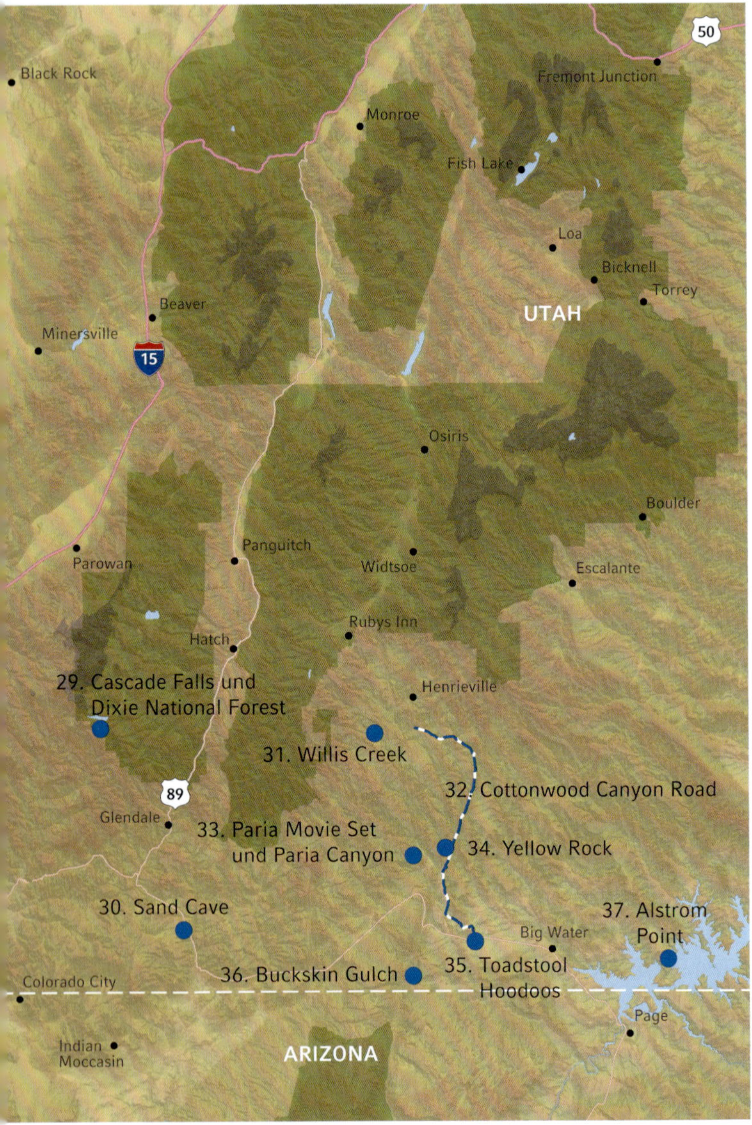
50
Black Rock
Fremont Junction
Monroe
Fish Lake
Loa
Bicknell
Torrey
Beaver
UTAH
Minersville
15
Osiris
Boulder
Panguitch
Parowan
Widtsoe
Escalante
Rubys Inn
Hatch
Henrieville
29. Cascade Falls und Dixie National Forest
31. Willis Creek
32. Cottonwood Canyon Road
89
Glendale
33. Paria Movie Set und Paria Canyon
34. Yellow Rock
30. Sand Cave
37. Alstrom Point
Big Water
35. Toadstool Hoodoos
36. Buckskin Gulch
Colorado City
Page
Indian Moccasin
ARIZONA

29. Cascade Falls und Dixie National Forest: Der Weg ist das Ziel

„*Land of many uses*" – der Slogan des US Forest Service verheißt bereits eine Vielseitigkeit, an der es dem Dixie National Forest wirklich nicht mangelt. Das 8000 Quadratkilometer große Schutzgebiet in Utah umfasst Ländereien in Höhenlagen von 800 bis 3500 Metern, hunderte kleiner Seen, viele Canyons, wunderschön-bizarre Sandsteinformationen und natürlich dichte Wälder. Die klimatischen Extreme des Schutzgebietes reichen von trockener Wüste mit Temperaturen von bis zu 40 Grad Celsius im Sommer bis Regionen in hohen Berglagen mit bis zu minus 30 Grad Celsius im Winter.

Im Cedar City Ranger District, einem dieser insgesamt vier Bereiche des Gebietes, das im Kern seit Anfang der 1900er-Jahre unter dem Schutz des Forest Service steht, liegt mit dem Cedar Breaks National Monument das nach eigener Angabe bestgehütete Geheimnis Utahs. Dieses als Naturdenkmal geschützte Gebiet erinnert beim ersten Anblick sehr an den geologisch vergleichbaren Bryce Canyon National Park. Felsnadeln aus erodiertem Sandsteinfelsen säumen in halbrunder Form die Hangabbrüche eines 3000 Meter hohen Felsplateaus. Zwar resultiert aus den vorherrschenden Witterungsbedingungen die Sperrung der einzigen Straße des Schutzgebietes von Anfang November bis Mitte Mai, dennoch ist der Dixie National Forest aber auch zu dieser Zeit wirklich eine Reise wert.

Rund um das 300-Einwohner-Örtchen Duck Creek gibt es eine Vielzahl an Trails, Seen und Flüsse, die nur darauf warten, erkundet zu werden. Der mit Abstand größte See in der Region, die bei Amerikanern als Outdoor-Campingdestination beliebt ist, ist der Navajo Lake. Das durch Schmelzwasser gespeiste Reservoir wurde ursprünglich durch einen Damm aus erkalteter Lava gestaut und besitzt keinen Zu- oder Ablauf durch einen Fluss. Durch das unterirdische, poröse Lavagestein ist eine Vielzahl an Höhlen und Kanälen entstanden, sodass das Wasser aus dem See durch einen natürlichen Abfluss am Grund des Sees entrinnt und als Fluss unterirdisch abfließt. Annähernd drei Kilometer weiter sprudelt der Fluss als Wasserfall, wie aus dem Nichts, wieder an die Oberfläche und ergießt sich über einen stufigen Felsabhang in einen Zufluss des Virgin River.

Jedoch macht nicht nur dieser spezielle Wasserfall eine Wanderung zu den Cascade Falls zu einem lohnenswerten Erlebnis. Während des knapp zwei Kilometer langen Hikes durch einen weitestgehend unberührten Waldabschnitt mit hohem, dichtem Baumbestand bietet sich auch ein spektakulärer Blick auf die selben charakteristischen geologischen Formationen, die auch das Cedar Breaks National Monument kennzeichnen.

Hoodoos säumen den Waldrand

Sogar der circa 35 Kilometer entfernte Zion National Park lässt sich bei klaren Wetterverhältnissen am Horizont ausmachen. Die Sicht während der Wanderung toppt ehrlicherweise das eigentliche Ziel – den Wasserfall.

Mit der nur kurzen Strecke, die zu Fuß zurückzulegen ist, und einer nur circa 5,5 Kilometer langen Anfahrt über eine Schotterstraße, ist die Wanderung zu den Cascade Falls wahrlich eine gelungene und kurzweilige Unternehmung.

Info

Lage:

- *Cedar Breaks National Monument*: 20 km östlich von Cedar City in Brian Head an der Kreuzung der State Routes UT-143 und UT-148. Nächste Stadt: Cedar City, UT.
- *Cascade Falls Trailhead*: 35 km südöstlich von Cedar City und 7 km südwestlich von Duck Creek am Ende der Straße FR-54.

GPS: Cedar Breaks National Monument 37.654425, -112.826226, Cascade Falls Trailhead 37.497458, -112.751316, Cascade Falls 37.502073, -112.756989.

Anfahrt: Cascade Falls: 3,5 km westlich von Duck Creek von der UT-14 gen Süden auf die FR-59 abbiegen und bereits nach 350 m der FR-370 nach leicht rechts folgen, nach 2,5 km links auf die FR-54 und dieser Straße bis zum Ende folgen.

Wanderung: leicht, Länge: 2 km (Rundweg)

Öffnungszeiten: immer

Eintritt:

- *Cedar Breaks National Monument:* 7 USD/Person, Nationalpark-Jahreskarte wird akzeptiert.
- *Cascade Falls*: kein Eintritt

Webseiten:

- *Dixie National Forest*: fs.usda.gov/dixie
- *Cascade Falls*: fs.usda.gov/recarea/dixie/recarea/?recid=24898
- *Cedar Breaks National Monument*: nps.gov/cebr/index.htm

Hinweise:

- Bitte vor Abfahrt Informationen über den Straßenzustand einholen.

30. Sand Cave: Die Höhle, die niemand kennt

Der blaue Himmel Utahs lässt sich kaum besser betrachten als eingerahmt von leuchtend orangeroten Felswänden, die eine jahrhundertealte Geschichte erzählen könnten. Und auch der Entdeckergeist wird kaum an einem anderen Ort so sehr geweckt wie in der farbenprächtigen Sandsteinhöhle, die noch fast vollkommen unentdeckt scheint. Aus Kanab im Südwesten Utahs führt der Anfahrtsweg für etwa zehn Kilometer auf der US-89 nach Norden. Die Höhle befindet sich genau zwischen zwei weiteren Highlights des Region: der Best Friends Animal Sanctuary und der Moqui Cave.

Die Sand Cave (auch Moqui Caverns genannt) gehört eindeutig nicht zu der Moqui Cave, auch wenn dies immer wieder vermutet wird. Das Auto kann auf der linken Straßenseite in der Parkbucht geparkt werden. Die Wanderung zu der Höhle ist nur ein kurzer, leichter Hike. Die größte „Schwierigkeit" besteht darin, am Anfang der Strecke nicht den falschen Weg (direkt auf die Höhle zu) einzuschlagen. Die Wanderung beginnt rechter Hand durch einen kleinen *wash*, so lange bis der erste Felsvorsprung erreicht ist. Diesen gilt es zu erklimmen und dann im 90-Grad-Winkel nach rechts abzubiegen. Auf dem *rim*, entlang den orangefarbenen mit roten Linien durchzogenen Sandsteinfelsen, geht es geradewegs auf den Höhleneingang zu. Je nach Empfinden und Trittsicherheit kann ein anderer Weg wenige Meter höher am Berg gewählt werden, wenn es zu steil wird. Bald ist der Eingang der Höhle schon gut erkennbar.

Sobald die Öffnung der Felswand betreten ist, wechselt der Untergrund zu tiefem Sand. Vom „Haupteingang" aus befinden sich auf der rechten Seite zwei weitere kleinere Höhlenöffnungen, aus denen der Blick über die traumhafte Umgebung schweifen kann. Im hinteren Teil der Höhle fehlt jegliches Licht, was den Entdeckergeist anregt. Einziger Wermutstropfen: Beim Blick über die Felswände weicht die Illusion der unberührten Natur der Realität von zahlreichen Besuchern, die sich mit Graffiti im Sandstein verewigt haben.

Das nahe gelegene Tierheim der Best Friends Animal Society widmet sich der Bekämpfung von Obdachlosigkeit von Tieren und verfolgt eine strikte „*no-kill*"-Strategie. Die Organisation, die in den 1980er-Jahren in Kanab gegründet wurde, weitete ihre Standorte über die gesamte USA aus. In Kanab besteht für Reisende aber nicht nur die Möglichkeit eines

Im Inneren der Sand Cave

Besuchs. Wer etwas Gutes tun möchte oder besonders tierlieb ist, kann hier sogar Freiwilligendienst leisten und den hauptamtlichen Tierrettern bei der Versorgung ihrer Schützlinge unter die Arme greifen. Neben den zu den erwartenden Tieren wie Hunden und Katzen sind aber auch Esel, Schweine oder Pferde anzutreffen.

Die ebenfalls nahe gelegene Moqui Cave ist eine weitere durch Erosion geformte Sandsteinhöhle, die ursprünglich von den heimischen Anasazi zum Lagern von Lebensmitteln und als Unterschlupf genutzt wurde. Die Höhle gliedert sich in drei „Räume". Lange Zeit blieb die Höhle unentdeckt, bis sie während der Prohibition in den 1920er-Jahren Siedlern die Möglichkeit bot, versteckt illegal Alkohol zu sich zu nehmen. 1951 kaufte die Familie Chamberlain die Höhle und eröffnete eine Kneipe inklusive Tanzfläche. Die Bar ist zwar noch vorhanden, ein Getränkeausschank findet aber nicht mehr statt. Seit die Höhle zu den Touristenattraktionen zählt, befindet sich hier auch ein Museum.

Von der Straße aus gut erkennbar

Spannende Gesteinszeichnungen auf dem Weg

Info

Lage: Im Kane County, im Südwesten Utahs, ca. 90 km (Luftlinie) östlich von St. George. Nächste Stadt: Kanab, UT. GPS: Parkbucht Sand Cave 37.119442, -112.563974. Sand Cave 37.116456, -112.560282, Moqui Cave 37.120863, -112.563406, Best Friends Animal Sanctuary: 5001 Angel Canyon Road, Kanab, UT.

Anfahrt: Vom Stadtzentrum aus ca. 10 km der US-89 nach Norden, zwischen Best Friends Animal Sanctuary und der Moqui Cave in der Parkbucht linker Hand parken.

Wanderung: leicht, Länge: 1,2 km (Rundweg)

Öffnungszeiten: immer

Eintritt: frei

Webseiten:
- *Best Friends Animal Society*: bestfriends.org
- *Moqui Cave*: moqui-cave.com
- *Southern Utah/Kanab*: visitsouthernutah.com/Kanab

Hinweis: Im kühlen Schatten der Höhle können sich im Tiefsand der Höhle Skorpione oder andere Tiere befinden, daher unbedingt geschlossenes Schuhwerk tragen.

31. Willis Creek: Wanderung durch schwarz-goldene Canyonwände

Enge Felswände und gewundenen Steinstrukturen: Das Grand Staircase-Escalante National Monument ist berühmt für seine einzigartig engen Steinschluchten. Wahrscheinlich lässt sich in keinem Slot Canyon die besondere Welt dieser engen Felsspalten so einfach und mühelos erleben wie im Willis Creek. Er ist ein Erlebnis für alle Altersklassen und Fitnessgrade!

Viele der im Südwesten so typischen Slot Canyons lassen sich entweder nur durch eine stundenlange Wanderung oder das direkte Abseilen auf den Boden der Schlucht erreichen. Die Willis Creek Narrows hingegen sind einfach zu erreichen und dennoch spektakulär schön. Sie liegen nahe dem bekannten Utah State Highway 12 zwischen Bryce und Escalante. Genauer gesagt findet sich die Felsklamm an der Skutumpah Road, deren offizielle Bezeichnung BLM 500 ist. Durch die unmittelbare Nähe zum Bryce Canyon National Park und dem Kodachrome Basin State Park ist eine Wanderung im Willis Creek eine ideale Ergänzung für einen gelungenen Tag in der Region. Durch die Schatten spendenden Felswände bietet sich eine Wanderung auch in der Mittagszeit in den heißen Sommermonaten an.

Eng zusammenstehende Felswände ...

Die Skutumpah Road wird von vielen Einheimischen als direkte Abkürzung zwischen Bryce und der US-89 bei Kanab genutzt. Die lehmige Schotterstraße verläuft zwar dem hügeligen Höhenprofil des Grand Staircase folgend auf der Nord-Südachse, doch ist sie deutlich weniger spektakulär als die etwas weiter östlich fast parallel verlaufende Cottonwood Canyon Road.

… und nasse Füße sind garantiert.

Wundervoll geschliffener Sandstein

Eine unbeschwerte Anfahrt ist bei trockenen Witterungsverhältnissen für fast alle Pkw aus nördlicher Richtung über den Ort Cannonville möglich. Lediglich 14 Kilometer südlich von Cannonville, zehn Kilometer davon auf der unbefestigten BLM 500, liegt der Ausgangspunkt für die kurze Wanderung. Das Durchfahren des Yellow Creek Wash direkt nach dem Abbiegen auf die BLM 500 markiert gewissermaßen die Einfahrt in das Grand Staircase-Escalante National Monument. Der Parkplatz und Ausgangspunkt für die Wanderung im Canyon liegen an der Stelle, an welcher der Willis Creek den Straßenverlauf der BLM 500 kreuzt.

Nach persönlichem Belieben kann die Länge des Hikes frei variieren, da es auf direktem Weg vom Parkplatz in die Schlucht und genauso auch wieder hinaus geht.

Bereits gleich zu Beginn der Wanderung fließt der Willis Creek minimal über einige Steinstufen hinab. Von hier folgt die Wanderung direkt im Flussbett des Willis Creek, der im Regelfall nur wenige Zentimeter Wasser führt. Dennoch sind nasse Füße mit großer Wahrscheinlichkeit Teil des Wanderprogramms. Zuerst sind die Sandsteinwände des Canyons nicht viel mehr als einige Zentimeter hoch, wachsen jedoch stetig an. Nach knapp einem Kilometer stehen die Canyonwände bereits näher zusammen und lassen eine tiefere Schlucht entstehen. An dieser Stelle wartet ein kleiner Wasserfall, der sich mit einem Rauschen bereits deutlich vorher gut hörbar ankündigt. Dieser kann bequem an der rechten Flussseite umgangen werden, bis wenig später eine rund einen Meter hohe Stufe wieder in den Canyon hinab führt.

In der Folge wechseln sich enge, klammartige Passagen mit etwas weiteren ab. Insgesamt warten im Flussverlauf drei *narrows* mit wunderschön wellig weich geschliffenem Navajo-Sandstein und Felswänden von über 30 Meter Höhe auf den Besucher. Die schönsten Anblicke bieten sich bereits nach gut zwei Kilometern, sodass ab hier ohne schlechtes Gewissen der Rückweg angetreten werden kann.

Info

Lage: In der Nähe von Cannonville, an der UT-12 zwischen Bryce Canyon National Park und Escalante. Nächste Stadt: Bryce, UT. GPS: 37.481550, -112.096136.

Anfahrt: Von Norden kommend in Cannonville auf die Kodachrome Road abbiegen, diese wird im weiteren Verlauf zur Cottonwood Canyon Road, nach ca. 4 km rechts auf die Skutumpah Road (BLM 500) abbiegen und dem Straßenverlauf für ca. 10 km folgen.

Wanderung: leicht, Länge: ab 4 km

Öffnungszeiten: immer

Eintritt: frei

Webseiten:
- *Willis Creek:* visitutah.com/things-to-do/slot-canyons/willis-creek-narrows/
- *Cannonville Visitor Center*: blm.gov/visit/cannonville-visitor-center
- *Grand Staircase-Escalante National Monument*: blm.gov/programs/national-conservation-lands/utah/grand-staircase-escalante-national-monument
- *Bryce Canyon National Park*: nps.gov/brca/index.htm
- *Kodachrome Basin State Park*: stateparks.utah.gov/parks/kodachrome-basin

Hinweise:
- Bitte vor Abfahrt Informationen über den Straßenzustand im Besucherzentrum in Cannonville einholen.
- Vor jeder Wanderung in Slot Canyons den aktuellen Wetterbericht prüfen. Bei einer Regenvorhersage nicht in den Canyon steigen; bei einsetzendem Regen sofort und schnellstmöglich aus dem Canyon hinausgehen und höher gelegene Gebiete aufsuchen.

32. Cottonwood Canyon Road: Schönste *dirt road* durch das Grand Staircase-Escalante National Monument

Hinter dem Auto erhebt sich eine rote Staubwolke beim Tritt auf das Gaspedal. Während der Fahrt auf der wohl beeindruckendsten *dirt road* des Südwestens ist sie der ständige Begleiter im Rückspiegel. Ursprünglich, vielfältig und traumhaft schön verzaubert die Natur rechts und links der circa 75 Kilometer langen Schotterpiste Reisende bei der Tour durch das Grand Staircase-Escalante National Monument.

Nur selten ist schon allein die Fahrt auf einer offiziellen Straße ein echtes Highlight in der Natur. Zugegebenermaßen ist eine „offizielle Straße" im Südwesten der USA nicht immer ein Garant für gut gepflegte Asphaltstrecken.

Beeindruckende Felslandschaft

Die Fahrbahn der Road 400, so der offizielle Name der Straße, besteht größtenteils aus weichem Lehmboden. Schon ein paar Regentropfen reichen aus – und sicheres Fahren ist selbst für Offroad-Fahrzeuge absolut undenkbar. Bei trockenem Wetter hingegen ist die Strecke für die meisten Pkw problemlos befahrbar. Besucher, die die Cottonwood Canyon Road erkunden, werden mit wunderschöner Natur und dem einzigartigen Freiheitsgefühl des Südwestens der USA belohnt.

Die Cottonwood Canyon Road führt von der US-89 zwischen Page und Kanab bis zum Utah State Highway 12 zwischen Bryce und Escalante – und verläuft dabei durch einen landschaftlich überaus interessanten Teil des Schutzgebietes. Entlang des Cockscomb (Hahnenkamm) folgt die Straße der topografischen Grenze zwischen dem Grand Staircase und dem Kaiparowits Plateau. Durch geologische Verschiebungen türmen sich hier die Felsen gleich einem Hahnenkamm zerklüftet in die Höhe. An

Berg- und Talfahrt auf der Cottonwood Canyon Road

vielen Stellen lassen sich die eindrucksvollen Felsformationen aus rotem, weißem und gelbem Sandstein aus der Nähe bestaunen. Es lohnt sich, das Auto also einmal abzustellen und zu Fuß auf Erkundungstour zu gehen, bevor sich das Landschaftsbild kurz vor Erreichen des südlichen Endpunktes der Strecke zu eher kargen *badlands* wandelt. Der rot-lehmige Boden weicht hier einem Schotterbelag aus eher gräulichem Ocker – nicht weniger imposant, aber dennoch farblich nur durch vereinzelt blühende Blumenwiesen aufgelockert.

Zahlreiche Highlights reihen sich entlang der Cottonwood Canyon Road aneinander. Jedes für sich ein eigenes Naturspektakel, das darauf wartet, bestaunt zu werden. Vom Kodachrome Basin State Park im Norden bis zu den Toadstool Hoodoos im Süden halten der Grosvenor Arch, die Cottonwood Narrows, der Hackberry Canyon oder der Yellow Rock eine jeweils einzigartige Sandsteinlandschaft mit ganz besonderen Charakteristika bereit.

Info

Lage: In Süd-Utah im Grand Staircase-Escalante National Monument. Nächste Städte: Page, AZ, Kanab, UT. GPS: Nördlicher Zugang 37.501541, -111.993584, südlicher Zugang 37.105056, -111.846857.

Anfahrt: Von Page oder Kanab die US-89 an der angegebenen Stelle nach Norden verlassen. Von Bryce oder Escalante den State Highway 12 (UT-12) in Cannonville in südlicher Richtung auf die Kodachrome Road verlassen, dem Straßenverlauf geradeaus folgen, bis die Cottonwood Canyon Road erreicht ist.

Öffnungszeiten: immer

Eintritt: frei

Webseiten:
- *Besucherzentren der Region*: blm.gov/learn/interpretive-centers/GSENM_VisitorCenters
- *Grand Staircase-Escalante National Monument*: blm.gov/programs/national-conservation-lands/utah/grand-staircase-escalante-national-monument

Hinweise:
- Unbedingt vor Fahrtantritt die aktuellen Straßenverhältnisse in einem der Besucherzentren des Bureau of Land Management (BLM) erfragen.
- Entlang der Strecke gibt es keine offiziellen Einrichtungen oder sonstige Infrastruktur.
- Handyempfang ist je nach Netz nicht entlang der gesamten Strecke gegeben.
- Für den Fall einer Panne ausreichend Wasser und Lebensmittel für ein paar Tage mitführen.
- Nur mit vollem Tank aufbrechen.

33. Paria Movie Set und Paria Canyon: Landschaft wie aus dem Westernklassiker

Tiefrote Hügel, im Streifenmuster durchzogen von ockergelben, braunen bis hin zu lila wirkenden Farbpartikeln, kennzeichnen das Gebiet der Paria. Dieser Landstrich im Grand Staircase-Esclanate National Monument ist besonders farbenprächtig, und je nach Lichteinfall wirkt die Bentonit-Felslandschaft wie so oft im Südwesten schon fast beeindruckend surreal.

Das Paria-Gebiet hat eine lange Geschichte in der Filmwelt. Kaum eine Szenerie ist für Westernklassiker besser geeignet als dieser Ort. Neben Clint Eastwood („Der Texaner") haben hier auch Dean Martin und Frank Sinatra („Die siegreichen Drei") ihr Schauspieltalent zum Besten gegeben. Ebenso wurden an diesem einzigartigen Ort einige Szenen des Filmklassikers „Buffallo Bill" gedreht.

Bunte Sandsteinfelsen im Paria Canyon

Das Wort Paria bedeutet in der Sprache der Paiute-Indianer „Schlammwasser". Treffender könnte die Bezeichnung des nahe gelegenen Paria River, der sich vor allem durch ein flaches und breites Flussbett auszeichnet, kaum sein. Der 153 Kilometer lange Nebenfluss des Colorado River durchzieht sich vom südlichen Utah bis hin zum nördlichen Arizona.

Bekannt aus vielen Western-Filmen

Im Hochsommer ist er eher ein kleines Rinnsal aus feinem Schlamm, kann sich aber nach Regenfällen binnen Minuten zu einer reißenden *flash flood* verwandeln, die alles fortschwemmt, was ihr in die Quere kommt.

Ende des 19. Jahrhundert ließ sich eine Gruppe Mormonen an diesem Ort nieder. Sie versuchten den harschen Bedingungen des vorherrschend trockenen Klimas zu trotzen. Aber bereits etwa 60 Jahre nach Gründung der Siedlung gaben die Bewohner ihre Versuche, die Wüste landwirtschaftlich zu bestellen, auf.

Ende der 1990er-Jahre fiel die dort errichtete Filmkulisse mehreren Blitzfluten zum Opfer – ein leider nicht ganz untypisches Naturphänomen für die Region. Nach dem Wiederaufbau durch das Bureau of Land Management brannten im Jahr 2006 die noch verbliebenen Häuser nieder. Die Ursache des Feuers ist bis heute ungeklärt. Und so erinnern aktuell nur noch einige Informationstafeln an den Glanz der Hollywoodfilme, der einst über diesem Stückchen ansonsten unberührter Wüste lag. Was allerdings geblieben ist, ist die unvergleichliche Natur.

Die Anfahrt führt über eine Schotterpiste, die für jeden Pkw befahrbar ist. Bereits auf dem ersten Parkplatz lohnt sich ein Stopp für Besucher, um sich einen ersten Überblick über die bunte Felsenlandschaft zu verschaffen. Sobald der Entdeckergeist geweckt ist, führt die weitere Fahrt auf der Schotterstraße noch tiefer in das Gebiet hinein und direkt auf den Paria River zu. Dies ist der farbenprächtigste und schönste Teil der Strecke. Bei Belieben können hier zahlreiche Erinnerungsfotos gemacht werden und die Gegend zu Fuß erkundet werden.

Wer Lust hat, noch mehr zu sehen, kommt bei einer Wanderung durch den nahe gelegenen Paria Canyon auf seine Kosten. Der Wagen kann am Ende der Straße am Paria River geparkt werden. Von hier aus geht es in südlicher Richtung gen Buckskin Gulch (siehe Tipp 36, S. 158), was etwa fünf bis sechs Stunden Zeit in Anspruch nimmt. Der Buckskin Gulch gilt als einer der längsten und sehenswertesten Canyons in den gesamten USA. Ein weiteres, sehr farbenfrohes Highlight bietet die Wanderung zum Starlight Arch, der sich nach etwa zehn Kilometern durch die umliegenden Chinle-Felsen im slotartigen Starlight Canyon zeigt.

Schotterstraße durch das Farbenmeer

Markante Färbung der Hügel

Info

Lage: Im Kane County im Südwesten Utahs, ca. 75 km westlich von Page. Nächste Stadt: Kanab, UT. GPS: Paria Movie Set 37.237278, -111.958156, Starlight Arch 37.256373, -111.998521.

Anfahrt: Über die US-89, auf halber Strecke zwischen Kanab und Page, der BLM 585 (Abbiegen bei Meile 31) der Schotterpiste für 7,5 km folgen (1. Parkplatz). Nach Belieben bis zum Ende der Straße fahren.

Öffnungszeiten: immer

Eintritt: frei

Webseiten:

- *Grand Staircase-Escalante National Monument*: blm.gov/programs/national-conservation-lands/utah/grand-staircase-escalante-national-monument
- *Buckskin Gulch*: visitutah.com/things-to-do/slot-canyons/buckskin-gulch
- *Kanab*: visitsouthernutah.com/kanab

Hinweis: Durch Witterungsbedingungen kann sich der Straßenzustand schnell ändern, vorher die Konditionen prüfen!

34. Yellow Rock: Gelber Felsgigant aus Navajo-Sandstein

Im Grand Staircase-Escalante National Monument verbergen sich gleich mehrere Highlights des Südwestens, die es nicht in die Routenplanung vieler Reisender schaffen. Der Yellow Rock ist ein wirklich imposantes Beispiel, wie schön und zugleich unwirklich diese wenig bekannte Region eigentlich ist.

Imposanter Gigant

Im Jahr 2018 wurden politische Diskussionen laut, das Naturschutzgebiet zugunsten wirtschaftlich nutzbarer Flächen empfindlich zu verkleinern. Zwar bisher nicht endgültig beschieden, schwebt dieser Entschluss wie ein Damoklesschwert über der Region. Um in das abgelegene Naturschutzgebiet vorzudringen, führt der Weg über die landschaftlich hoch interessante Cottonwood Canyon Road – eine der mit Abstand schönsten *dirt roads* des Südwestens (siehe Tipp 32, S. 142). Ungefähr 50 Kilometer südlich von Cannonville oder 25 Kilometer nördlich der Abzweigung von der US-89 liegt der Trailhead des Yellow Rock. Abhängig davon, ob die Zufahrt von Norden oder Süden erfolgt, liegen auf dem Weg noch weitere

Highlights wie der Kodachrome State Park, der Grosvenor Arch oder zahlreiche überwältigend schöne Passagen, die einen kurzen oder längeren Zwischenstopp lohnen.

Die Wanderung zum Yellow Rock beginnt mit einer Querung des je nach Wasserstand einige Meter breiten Cottonwood Creek und einem sich anschließenden, circa 250 Meter hohen, teils sehr steilen Aufstieg. Der Untergrund aus Geröll erschwert an einigen Stellen das flotte Vorankommen.

Ist das erste Plateau erklommen, ist der gut 1000 Meter lange riesige Felshügel, der den Namen Yellow Rock nur inoffiziell trägt, auch endlich gut sichtbar: gelb, riesig und wie aus einer anderen Welt. Eine einzigartige Sandsteinkuppel, die ihrem Namen wirklich alle Ehre macht. Mit unterschiedlichen Gelbschattierungen und einer prägnanten Linien- und Wabenstruktur zieht der Yellow Rock seine Besucher schnell in den Bann. Klassischerweise ist der in dem Gebiet weit verbreitete Navajo-Sandstein durch Eisenoxid orange-rötlich eingefärbt. Limonit lässt den Navajo-Sandstein am Yellow Rock jedoch in seiner markant gelben Farbe regelrecht erstrahlen.

Ein Wanderparadies

Eine Erkundungstour auf dem Yellow Rock ist besonders am Vormittag, gegen Abend oder in den weniger heißen Jahreszeiten zu empfehlen. Schatten spendende Bäume oder Felsen sind hier eine echte Seltenheit. Zudem reflektiert die relativ glatte Oberfläche des Felsens die Sonne und sorgt so dafür, dass die gefühlten Temperaturen die wirklichen um einiges übersteigen. Sollte es jedoch ein paar Tage zuvor geregnet haben, erzeugen Wasserreste in den *potholes* genannten Auswaschungen für spannende Reflexionen. Es gibt hier einiges zu entdecken, und die Zeit vergeht wie im Flug.

Ist später der zugegebenermaßen schwerfallende Entschluss gefasst und die Rückreise angetreten, wird der mühselige Abstieg mit einem tollen Blick von oben auf den Cockscomb belohnt. Diese wirklich eindrücklich nach oben aufgetürmte Felsformation ist beim Aufeinandertreffen zweier geologischer Platten entstanden und begleitet die Cottonwood Canyon Road weite Teile entlang des Straßenverlaufs.

Nur wenige hundert Meter weiter nördlich des Trailheads liegt der Ausgangspunkt für die Wanderung in den Lower Hackberry Canyon. Nach Lust und Laune kann hier nach Belieben weit im Flussbett des Hackberry Creek gewandert werden. Unabhängig davon, ob der Fluss gerade Wasser führt oder ausgetrocknet ist, bietet sich rechts wie links des Weges eine einladend schöne Landschaft mit saftig grünen Bäumen und interessant geformten Wänden des Canyons.

Info

Lage: In Süd-Utah, nahe der Grenze zu Arizona im südlichen Teil des Grand Staircase-Escalante National Monument an der Cottonwood Canyon Road. Nächste Städte: Kanab, UT, Page, AZ. GPS: Abzweigung US-89 auf Cottonwood Canyon Road 37.105007, -111.846864, Trailhead Yellow Rock 37.253960, -111.910141, Yellow Rock 37.258378, -111.921968, Trailhead Lower Hackberry Canyon 37.256765, -111.908915.

Anfahrt:

- Von Süden aus Kanab oder Page kommend die US-89 bei o. g. Koordinaten auf die Cottonwood Canyon Road in nördlicher Richtung einbiegen, Straßenverlauf bis zum Trailhead folgen.
- Von Norden kommend in Cannonville die UT-12 gen Süden auf die Kodachrome Road verlassen, diese wird im weiteren Straßenverlauf zu Cottonwood Canyon Road.

Wanderung: moderat-schwierig, Länge: ab ca. 3 km

Öffnungszeiten: immer

Eintritt: frei

Webseiten:

- *Besucherzentren der Region*: blm.gov/learn/interpretive-centers/GSENM_VisitorCenters
- *Grand Staircase-Escalante National Monument*: blm.gov/programs/national-conservation-lands/utah/grand-staircase-escalante-national-monument

Hinweise:

- Die Cottonwood Canyon Road ist eine Schotterstraße, die in unregelmäßigen Abständen geebnet wird. Bei Regen und Nässe ist die Straße teilweise tagelang nicht befahrbar. Vor Fahrtantritt ist es für die eigene Sicherheit unerlässlich, aktuelle Informationen zu den Straßenverhältnissen einzuholen.
- Für den Hike lohnen sich Wanderstöcke, um den Auf- und Abstieg auf dem Geröll zu erleichtern.

35. Toadstool Hoodoos: Farbenfrohe, versteinerte Pilzköpfe

Spitz zulaufende Sandsteinformationen kennzeichnen die fast schon öde wirkende Landschaft der Toadstool Hoodoos, die gewissermaßen im Grenzgebiet zwischen Arizona und Utah liegt, genauer zwischen Page in Arizona und Kanab in Utah. Damit sind die Toadstool Hoodoos ein weiteres sehenswertes Highlight im Grand Staircase-Escalante National Monument. Und trotz der Nähe zu den bei Touristen sehr beliebten Städten und der bequemen, zugänglichen Lage direkt am US Highway 89 ist der Besucheransturm hier eher gering. Völlig zu Unrecht, denn es wartet ein spannender kurzer Ausflug in die bizarrschöne Steinwelt des Südwestens.

Der Parkplatz befindet sich etwa 47 Kilometer westlich von Page und 72 Kilometer östlich von Kanab in Utah. Hier startet die etwa 20-minütige Wanderung, die über einen gut erkennbaren staubigen Pfad führt.

Lucky Luke

Es scheint, als wäre der Besucher unmittelbar nach Verlassen des Autos inmitten der einsamen Wüste gelandet. Kein Baum spendet hier Schatten, kein Grün jeglicher Vegetation reichert das Auge um diesen Farbton an. In diesem Areal regieren die sandigen Farbtöne und schaffen damit das so typische, einzigartige Südwestfeeling. Entgegen dem lebensfeindlichen Eindruck trotzt hier eine beeindruckende Artenvielfalt von Amphibien, Reptilien, Säugetieren und insgesamt fast 200 Vogelarten der unwirklichen Wüste und findet hier ihren Lebensraum.

Imposante Giganten

Die Toadstool Hoodoos liegen am Fuße des Kaiparowits Plateau, das sich mit einer Ausdehnung von fast 4200 Quadratkilometern über die Countys Garfield und Kane erstreckt. Gemeinsam mit den Regionen Grand Staircase und Canyons of the Escalante bildet es das Grand Staircase-Escalante National Monument. Die markantesten Erhebungen des Plateaus sind der Canaan Peak (2814 Meter), die Cougar Knoll (2318 Meter) und der Smoky Mountain (1756 Meter).

Im Osten der Toadstools Hoodoos schlängelt sich der Escalante River durch diverse bekannte und einzigartige Slot Canyons, die erkundungsfreudige und abenteuerlustige Besucher für Halbtages- oder Tageswanderungen anlocken.

Hoodoos sind hohe, freistehende Sandsteinsäulen. Sie bestehen in den meisten Fällen aus unterschiedlichen Erdschichten und sind daher auch von verschiedenfarbigen Gesteinsschichten gekennzeichnet.

In den Himmel ragende *hoodos*

Auf der Spitze der Säulen thront in den meisten Fällen eine pilzähnliche Verdickung. Fantasiereichen Besuchern erschließt sich beim Blick auf die bizarren Steinformationen schnell der Namensursprung der Region – *toadstool* bedeutet Giftpilz.

Das Hochtal lädt den Besucher zum Erkunden ein. Hinter fast jedem Felsen lässt sich eine fotogene Formation entdecken, die durch warme rote, gelbe und orange Farbtöne besticht. Der bekannteste *hoodoo* hier ist die auch von Weitem gut sichtbare und mit Abstand höchste Felsnadel – Lucky Luke.

Am besten kommen die satten Farben zum Sonnenuntergang zum Vorschein, wenn sich die Sonne langsam gen Horizont neigt und die Schatten der Felsen stetig in die Länge wachsen. Dies ist auch die beste Zeit für eine Wanderung, da bis zum Nachmittag die Temperaturen auf dem glatten Felsboden auf ein unerträgliches Maß ansteigen und selbst mit gutem Sonnenschutz nur schwer erträglich sind.

Info

Lage: Im äußersten Süden Utahs im Grand Staircase-Escalante National Monument. Nächste Städte: Page, AZ, Kanab, UT. GPS: Parkplatz und Trailhead 37.101121, -111.873414, Toadstool Hoodoos 37.107976, -111.871630, Lucky Luke 37.108213, -111.870931.

Anfahrt: Von Page auf der US-89 ca. 47 km Richtung Kanab. 2,6 km vor der Paria Contact Station befindet sich rechter Hand der Parkplatz zum Trail.

Wanderung: (leicht), Länge: 1,9 km

Eintritt: frei

Öffnungszeiten: immer

Webseiten:

- *Toadstool Hoodoos*: visitutah.com/places-to-go/most-visited-parks/grand-staircase-escalante/grand-staircase-section/family/the-toadstools
- *Besucherzentren der Region*: blm.gov/learn/interpretive-centers/GSENM_VisitorCenters
- *Grand Staircase-Escalante National Monument*: blm.gov/programs/national-conservation-lands/utah/grand-staircase-escalante-national-monument

36. Buckskin Gulch: Der wohl eindrucksvollste Slot Canyon des Südwestens

Im Grenzgebiet zwischen Utah und Arizona liegt der vielleicht bedeutendste Slot Canyon der Region. Mit einer Länge von mehr als 20 Kilometern und teilweise über 150 Meter hohen Felswänden ist der Buckskin Gulch einer der größten Canyons dieser Art weltweit.

Einer der bedeutendsten Slot Canyons

Der Antelope Canyon bei Page steht geradezu schon musterhaft für die malerisch gewundenen, engen Felsschluchten der USA. Und auch wenn andere Canyons eventuell eine geringfügig schönere Farbzeichnung bereithalten oder wiederum andere etwas enger zusammenstehende Felswände bieten, so ist doch der Buckskin Gulch ein wirklicher Superlativ.

Mit einer Länge von etwas über 20 Kilometern bietet der Canyon für alle sportlichen Ambitionen die richtige Portion Bewegung – von einer Halbtages-Tour bis zu einer mehrtägigen Backpacking-Tour.

Der Buckskin Gulch ist Teil der Paria Canyon-Vermilion Cliffs Wilderness Area. Die Felsformation Coyote Buttes North – auch the Wave genannt –

hat die Vermilion Cliffs bekannt gemacht. Sollte es mit einer der begehrten Genehmigungen (den sogenannten *permits*) für eine Wanderung zur Wave nicht klappen, ist ein Hike in den Buckskin Gulch eine mehr als überzeugende Alternative.

Engstelle im Canyon

Die beste Möglichkeit, eine circa drei- bis sechsstündige Wanderung im Canyon zu beginnen, ist der Wire Pass Trailhead, 14 Kilometer tief in den Vermilion Cliffs an der House Rock Valley Road gelegen. Diese Schotterstraße verbindet die von Page nach Kanab verlaufende US-89 mit der knapp 50 Kilometer südlich parallel verlaufenden US-89A. Bei trockenem Wetter ist die Straße, die in unregelmäßigen Abständen geebnet wird, für die meisten Pkw befahrbar. Der bereits nach gut sieben Kilometern erreichte Buckskin Gulch Trailhead bietet für eher kurze Wanderungen im Canyon keinen empfehlenswerten Startpunkt, da der wirklich spannende Teil des Canyons erst später beginnt.

Die ersten drei Kilometer des nur feldmäßig gekennzeichneten Wanderweges verlaufen entlang des meistens ausgetrockneten Flussbetts der Wire Pass Narrows, bis diese in den – auch meist trockenen – Buckskin Gulch münden. Zu diesem Zeitpunkt sind die Felswände rechts und links des Flussbettes schon mächtig hoch und erzeugen, den Windungen des Flusses folgend, dieses ganz spezielle Slot-Canyon-Flair. Nur wenige Meter hinter dieser Einmündung, dem Buckskin Gulch nach Osten folgend, sind auch einige indigene Zeichnungen an den Felswänden zu finden – sogenannte Petroglyphen.

Geschichtenerzähler

Nach Lust und Laune folgen noch weitere 15 Kilometer Wanderung durch den engen und tiefen Canyon, bis der Buckskin Gulch quasi an der Staatsgrenze zwischen Utah und Arizona in den Paria River mündet.

Info

Lage: In Süd-Utah an der House Rock Valley Road im äußerst südlichen Bereich des Grand Staircase-Escalante National Monument. Nächste Städte: Kanab, UT, Page, AZ. GPS: Abzweigung von US-89 37.126253, -111.976723, Parkplatz 37.019093, -112.024882, Einmündung Wire Pass/Buckskin Gulch 37.019758, -112.002799.

Anfahrt: Von Page oder Kanab kommend die US-89 an der angegebenen Stelle nach Süden auf die House Rock Valley Road verlassen. Dem Straßenverlauf für circa 14 km bis zum Parkplatz folgen.

Wanderung: schwierig, Länge: 3-30 km

Öffnungszeiten: immer

Eintritt: Vor Ort ist eine Gebühr von 5 USD für das Backcountry Permit zu entrichten.

Webseiten:
- *Grand Staircase-Escalante National Monument*: blm.gov/programs/national-conservation-lands/utah/grand-staircase-escalante-national-monument
- *Vermillion Cliffs National Monument:* blm.gov/visit/vermilion-cliffs
- *Southern Utah*: visitsouthernutah.com

Hinweise:
- Vor Fahrtantritt in den Besucherzentren des BLM nach den aktuellen Straßenverhältnissen erkundigen. Bei nasser Fahrbahn ist ein Allrad-Fahrzeug notwendig.
- Zu Beginn der Wanderung ist ein 4 m tiefer Absatz in den Canyon zu überwinden. Meistens ist dort eine Abstiegshilfe angebracht. Wurde diese durch das Wetter weggeschwemmt, nicht dort absteigen, sondern rechts über die Felskuppe wandern und einige Meter später einfach in den Canyon absteigen.
- Vor jeder Wanderung in Slot Canyons den aktuellen Wetterbericht prüfen. Bei einer Regen-Vorhersage nicht in den Canyon steigen; bei einsetzendem Regen sofort und schnellstmöglich aus dem Canyon hinausgehen und höher gelegene Gebiete aufsuchen.

37. Alstrom Point: Kontrastreicher Ausblick auf den Lake Powell

Wie eine Fata Morgana wirkt der Blick von der schroffen Felskante hinab auf das türkisfarbene bis tiefblaue Wasser, das kleine Inseln und riesige Felsvorsprünge aus rotem Sandstein umspielt. Sehnsuchtsorte gibt es viele im Südwesten – einige davon, durchaus schwer erreichbar, müssen sich Reisende quasi erarbeiten. So auch beim Alstrom Point. Was aber am Ende der fordernden 40 Kilometer abseits des Highways den Besucher erwartet, ist schlichtweg der beste Ausblick auf den Lake Powell.

Beeindruckender Blick vom Alstrom Point

Das Abenteuer für Allradfahrer beginnt 28 Kilometer westlich von Page an der US-89 in dem Örtchen Big Water. Von hier aus folgen 40 überaus spannende Kilometer bis zu dem Punkt, von dem der zerklüftete Uferverlauf des ab 1963 durch Stauung des Colorado River entstandenen Sees in seiner vollen Pracht zu bewundern ist. Die satten Farben und hohen Kontraste wirken fast schon wie ein Gemälde.

Besonders die ersten Kilometer wirken für erfahrene *dirt road*-Fahrer eher unspektakulär – zumindest was die Anforderung an das fahrerische Können betrifft. Landschaftlich trumpft die Strecke von Anfang an auf. Was als klassische Schotterpiste beginnt, wandelt sich innerhalb weniger

Kilometer in beeindruckende *badlands*. Wie Landschaften auf einem weit entfernten Planeten überrascht das Panorama links und rechts der Straße durch sanfte Hügel und schroffe Felsen aus grauschwarzem Sandstein. Skurril und ebenso wunderschön!

Nur wenige Kilometer weiter wandelt sich die Natur wiederum, und der graue Sand wird durch orangefarbenen Lehmboden abgelöst, welcher im weiteren Verlauf mürbem Sand weichen wird. Je nach Witterungsbedingungen der vorherigen Tage sind die größten Hürden bis hierher tatsächlich nur ein paar zumeist ausgetrocknete Flüsse und einige Tiefsandpassagen, die es zu queren beziehungsweise zu durchfahren gilt.

Tiefblaues Wasser trifft roten Sandstein.

Die letzten sieben Kilometer haben es aber in sich – denn jetzt geht es ohne erkennbare Straße und auf felsigem Untergrund weiter. Hin und wieder weist ein kleines Steinmännchen am Straßenrand auf vorherige Besucher hin. Diese aber als verlässliche Wegweiser in einer so gleichfarbigen Landschaft wahrzunehmen, ist nur schwer möglich. Der Untergrund ist geprägt von losem Geröll und teilweise erheblichen Absätzen, sodass es manchmal notwendig sein kann, besonders kniffelige Passagen zuerst zu Fuß zu erkunden und störende felsige Hindernisse aus dem Weg zu räumen, um dann den am besten geeigneten Weg für das Auto zu wählen.

Im Schritttempo geht es den GPS-Koordinaten in Richtung der nächsten Wegpunkte nach. Aber irgendwann ist es geschafft, und es wird schnell klar, wie sehr sich die Mühen gelohnt haben. Selbst zu der ansonsten wenig fotogenen Mittagszeit ist das Panorama einzigartig. Und auch wenn der Lake Powell von hier nicht direkt zu erreichen ist, so zieht der Anblick des zweitgrößten Stausees der USA jeden Betrachter in seinen Bann.

Auf dem Weg zum Alstrom Point zeigt sich die Tücke solcher außergewöhnlichen Sehnsuchtsorte im besonderen Maße. Wichtig ist, dass auch abenteuerwillige Besucher im Fall der Fälle erkennen, wann es nicht mehr weitergeht – auch wenn das erwartete Naturschauspiel noch so verlockend ist. Die Strecke verlangt nicht nur von den Fahrern einiges, auch für die Fahrzeuge ist es ein Härtetest. Je nach Wetterlage herrschen auf den Felsplatten deutlich über 40 Grad Celsius.

Für Besucher, die ihrem Mietfahrzeug den Trip, auch aufgrund der vertraglichen Situation, nicht zumuten wollen, besteht in Page die Möglichkeit, besonders Offroad-geeignete Fahrzeuge zu mieten. Ebenso werden geführte Touren zu diesem einmaligen Naturerlebnis angeboten.

Info

Lage: Am Lake Powell in Süd-Utah, nur rund 20 km Luftlinie nördlich von Page, AZ. GPS: 37.059142, -111.364509.

Anfahrt: Über die US-89 bis Big Water. Von hier aus weiter rund 40 km über eine Schotterpiste.

Öffnungszeiten: immer

Eintritt: frei

Webseiten:
- *Southern Utah*: visitsouthernutah.com
- *Page*: visitpagelakepowell.com
- *Geführte Touren*: horseshoebendtours.com/alstrom-point-tour
- *Offroad-Fahrzeuge mieten*: carlsadventurerentals.com

Hinweise:
- Bei der Schotterpiste zum Aussichtspunkt handelt sich um eine nur sehr unregelmäßig befahrene Strecke.
- Das Mitführen von ausreichend Wasser und Lebensmitteln wird dringend empfohlen.

Utah: Im Südwesten

38. Pine Park: Bizarre Farben und Formen in absoluter Abgeschiedenheit
39. Snow Canyon State Park: Vielseitiges Highlight vor den Toren der Stadt
40. Scout Cave: Auf den Spuren der Späher
41. Yellow Knolls: Wanderung wie auf Bienenwaben
42. Candy Cliffs: Orange Zuckerberge von Utah
43. Red Cliffs Recreation Area: Rote Felsen, Wasserfälle, blauer Himmel
44. Sand Hollow State Park: Am roten Strand von Utah

Snow Canyon State Park

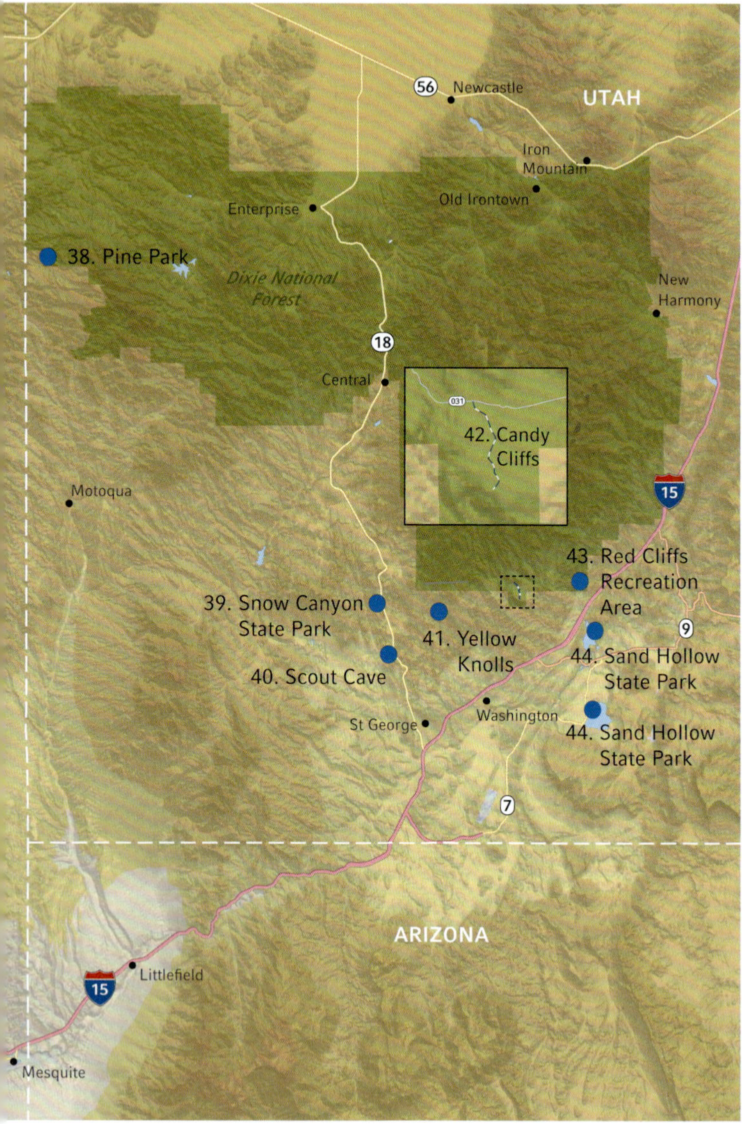
56
Newcastle
UTAH
Iron
Mountain
Old Irontown
Enterprise
38. Pine Park
Dixie National
Forest
New
Harmony
18
Central
031
42. Candy
Cliffs
15
Motoqua
43. Red Cliffs
Recreation
Area
39. Snow Canyon
State Park
41. Yellow
Knolls
9
44. Sand Hollow
State Park
40. Scout Cave
Washington
St George
44. Sand Hollow
State Park
7
ARIZONA
Littlefield
15
Mesquite

38. Pine Park: Bizarre Farben und Formen in absoluter Abgeschiedenheit

Die tiefgrünen Kiefern heben sich kontrastreich von dem Wunderland aus schneeweißen Steinpyramiden ab. Weitgehend unbekannt, lädt dieses Juwel im Dixie National Forest dazu ein, die einzigartige Landschaft vulkanischen Ursprungs zu entdecken. Zweifelsohne ist Pine Park ein Juwel im Südwesten der USA, das seinesgleichen sucht.

Pine Park findet in klassischen Reiseführen keinen Platz. Und auch in Karten und Tourenplanungen versierter USA-Reisender ist dieser Ort meistens nicht verzeichnet. Nur wenige Kilometer von der Staatsgrenze zwischen Utah und Nevada, circa zwei Autostunden nordwestlich von St. George, liegt dieser sehr besondere Ort vulkanischen Ursprungs.

Und auch wenn der Name etwas anderes vermuten lässt: Pine Park ist kein Park (im Sinne eines Nationalparks o. ä.) und liegt ohne nennenswerte Infrastruktur abseits jeglicher Zivilisation. Es gab zwar einen Campingplatz, dieser hat jedoch bereits vor Jahren offiziell den Betrieb eingestellt.

Charakteristisch für Pine Park sind leuchtend weiße Sandsteinpyramiden und -nadeln, die sich vorzugsweise entlang der Hangkanten der sanft hügeligen Landschaft finden. Wobei es sich streng genommen nicht um Sandstein handelt, sondern um vulkanischen Tuff, also Aschereste, die sich hier bis zu 300 Meter hoch abgelagert haben. In jahrtausendelanger Arbeit hat die Natur hier durch natürliche Verwitterungsprozesse langsam die bizarren Formen aus dem Fels geschliffen.

Schneeweiße Aschehügel

Vereinzelt wachsen in den versteinerten Aschebergen Ponderosa Pines (Gelb-Kiefern) – mit ihrer sattgrünen Krone wirken sie vor dem weißen Hintergrund, als seien sie auf eine Leinwand gemalt. Komplettiert wird diese einzigartige Komposition durch den tiefblauen Himmel des südwestlichen Utah.

Kiefern sorgen für farbliche Abwechslung.

Die White Rocks Road führt als einzige Straße durch das Gebiet, entlang der hochinteressanten Punkte, bis sie in einer Sackgasse am alten Campingplatz endet. Erkunden lässt sich das Gebiet am besten mit dem Auto sowie bei einer kurzen Wanderung. Die Straße bietet viele Möglichkeiten, das Auto zwischendurch in sogenannten *turn-outs* abzustellen und kurze Abstecher zu Fuß in die beeindruckende Landschaft zu unternehmen. Alternativ kann das Gebiet auch über eine lange Wanderung mit Start- und Endpunkt am Campingplatz erkundet werden.

Kenner des Südwestens fühlen sich beim ersten Anblick der Felsformationen eventuell an die Kasha-Katuwe Tent Rocks in New Mexico erinnert. Jedoch wirkt der etwas leichter zugängliche Pine Park, der im Inneren eines rund 15 mal 30 Kilometer großen abgesackten Kraters liegt, deutlich weitläufiger, und die Felsen sind noch eine Spur weißer.

Pine Park ist ein wirkliches Juwel in Utah! Die Schönheit der dort aufeinandertreffenden surrealen Formen und Farben ist überwältigend. Besucher sollten jedoch keine Scheu vor Fahrten auf Schotterstraßen haben. Gemessen bis zu dem alten Campingplatz sind die letzten 20 Kilometer der zurückzulegenden Fahrstrecke eine *dirt road*, die nur in unregelmäßigen Abständen durch den Forest Service befestigt wird.

Info

Lage: 40 km südwestlich von Enterprise, 110 km nordwestlich von St. George. Nächste Stadt: Enterprise, UT. GPS: Aussichtspunkt 37.524977, -114.028525, alter Campingplatz 37.522191, -114.023132.

Anfahrt: Von Enterprise für 25 km auf der UT-219 westwärts, die Straße wird nach 20 km zur Crestline Road. Dann weitere 15 km südwärts auf der FR-1 (White Rocks Road).

Öffnungszeiten: immer

Eintritt: frei

Webseiten:

- *Dixie National Forest*: fs.usda.gov/dixie
- *Pine Valley Ranger District*: fs.usda.gov/recarea/dixie/recarea/?recid=24782

Hinweise: Der Belag der Schotterpiste ist teilweise recht weich. Informationen zu den Straßenverhältnissen und Karten können im Büro des Forest Service in Cedar City (1789 North Wedgewood Lane) oder in der Besucherinformation in St. George (345 East Riverside) bezogen werden.

39. Snow Canyon State Park: Vielseitiges Highlight vor den Toren der Stadt

Leuchtend orange versteinerte Sanddünen, immer wieder durchzogen von dunklem Gestein und ehemaliger Lava konkurrieren mit den umliegenden rotbraunen zerklüfteten Felsen um die Blicke der Besucher. Dieser Park ist ein Paradies für Hiker und Naturliebhaber gleichermaßen.

Bei einem *state park* liegt die Vermutung nahe, dass sich dieser Ort nicht unbedingt abseits der ausgetretenen Pfade befindet. Jedoch, neben den fünf großen Nationalparks und einigen weltbekannten *state parks* in Utah, steht der Snow Canyon State Park in der Besuchergunst nicht an erster Stelle – allerdings völlig unbegründet, denn er ist wahrlich ein Geheimtipp.

Der 30 Quadratkilometer große Park im Red Cliffs Desert Reserve ist von einem Netz von mehr als 25 Kilometer Wanderwegen durchzogen. Besucher können auf diesen Trails nicht nur versteinerte Lavaströme bewundern, sondern auch auf bis zu 800 Meter hohe, versteinerte Sanddünen klettern. Mit besonders viel Glück läuft Wanderern hier auch die vom Aussterben bedrohte Wüstenschildkröte über den Weg. Diese scheinen sich hier sehr wohl zu fühlen. Keine Überraschung – ist es doch eines der erklärten Ziele des Parks, diese bedrohte Tierart zu schützen.

Stein-Pyramiden weisen den Weg.

Der Snow Canyon State Park beherbergt Pflanzen, die sonst nirgends in Utah zu finden sind. Zahlreiche Tiere wie Kojoten und Schlangen sind hier keine Seltenheit. Kaum verwunderlich also, dass in dieser traumhaften Kulisse Hollywood-Filme wie „Butch Cassidy and the Sundance Kid" gedreht wurden. Ursprünglich trug das Gebiet den Namen Dixie State Park. Später wurde dieser aber nach den berühmten Pionieren Lorenzo und Erastus Snow umbenannt. Bereits seit 1958 gilt das Gebiet offiziell als *state park*.

Unterwegs auf versteinerten Sanddünen

Für Outdoor-Liebhaber bietet der Park vielseitige Aktivitäten, beispielsweise wandern, mountainbiking oder Camping. Besonders nennenswert ist der fast fünf Kilometer lange, asphaltierte Rundweg, der nicht nur von Wanderern oder Radfahrern genutzt wird, sondern auch Rollstuhlfahrern ermöglicht, die Gegend genauer in Augenschein zu nehmen.

Das erste Highlight wartet gleich nach der Einfahrt in den Park aus südlicher Richtung. Der Jennys Canyon besticht durch seine farbenprächtigen und zu den Seiten hoch aufragenden gelb gefärbten Sandsteinwände, die den Besucher sprachlos machen. Der nur 700 Meter kurze Rundweg ist besonders für Familien mit Kleinkindern gut geeignet.

Allein die Fahrt zur nächsten Wanderung ist so schön, dass der Blick zu jeder Seite ein wahres Highlight ist. Schroffe orangefarbene Felsen in unterschiedlichsten Farbschattierungen sättigen die Landschaft so sehr, dass sich das Auge kaum abwenden kann.

Kalkweißer Sandstein am Amphitheater

Um die für den Park so charakteristischen versteinerten Sanddünen zu erkunden, bietet sich der Petrified Dunes Trail an. Der Hike beginnt am Snow Canyon Drive, gegenüber den Picknickplätzen Upper und Lower Galoots. Der Besucher wandert über den Navajo-Sandstein, und ihn erwartet auf der Spitze des Berges ein unfassbares Panorama über die umliegende Landschaft. Der Wanderweg kreuzt weitere Pfade – und wer noch mehr sehen möchte, kann ab hier den Three Ponds Trail oder zum Hidden Pinyon Overlook weiterlaufen.

Kurz vor Verlassen des Parks befindet sich eine weitere Sehenswürdigkeit mit geologischer Geschichte beim Whiterocks Amphitheater. Die recht kurze Wanderung führt durch die typische Flora mit zahlreichen Kakteen, Yuccapflanzen und Wüstenbeifuß. Das natürliche Amphitheater ist schon von Weitem mit bloßem Auge zu erkennen. Kalkweiße, in den blauen Himmel ragende versteinerte Sanddünen formen hier einen Kessel von beeindruckenden Ausmaßen.

Info

Lage: Im äußersten Südwesten Utahs, unmittelbar nördlich von St. George, UT, im Red Cliffs Desert Reserve. GPS: Petrified Dunes 37.213331, -113.647577, Whiterocks Amphitheater 37.237798, -113.636300. Adresse: 1002 North Snow Canyon Road, Ivins, UT 84738.

Anfahrt: Von Stadtzentrum St. George die Bluff Street (UT-18) nordwärts an der Abzweigung Snow Canyon Parkway verlassen und nach 5 km im Kreisverkehr die 2. Ausfahrt nehmen. Den nächsten Kreisverkehr an der 1. Ausfahrt auf den Snow Canyon Drive verlassen. Nach ca. 1,6 km ist der Eingang des Parks erreicht.

Öffnungszeiten: täglich von 6 Uhr bis 22 Uhr

Eintritt: 10 USD/Pkw

Webseiten:
- *Snow Canyon State Park*: stateparks.utah.gov/parks/snow-canyon/discover, visitstgeorge.com/snow-canyon-state-park
- *Red Cliffs National Conservation Area*: blm.gov/programs/national-conservation-lands/utah/red-cliffs-nca albertaparks.ca/parks/central/pierre-greys-lakes-pp

Hinweis: Bei einer Begegnung mit einer Wüstenschildkröte das Tier nicht erschrecken, sondern ausreichend Abstand halten.

40. Scout Cave: Auf den Spuren der Späher

Es braucht nicht viel Vorstellungskraft, um zu verstehen, warum diese indianischen Höhlen frei übersetzt „Späher-Höhlen" heißen. Direkt in eine steile Felswand eingelassen, in im Süden Utahs so typischerweise vorherrschenden Navajo-Sandstein, sind sie einerseits schwer auszumachen und eröffnen andererseits ein weites Sichtfeld. Nur wenige Kilometer außerhalb von St. George bieten diese Höhlen einen grandiosen Ausblick über die angrenzende Szenerie der Landschaft rund um die Städte Ivins und Santa Clara.

Viele der in der Region zu bestaunenden Naturschönheiten liegen im Red Cliffs Desert Reserve. Dies ist gewissermaßen ein lokaler Dachverband, der viele kleine Naturschutzzonen in der Region zusammenführt. Gegründet aus der Überlegung, dass bei häufig wechselnden Verwaltungszuständigkeiten die empfindliche Flora und Fauna mit vielen bedrohten Tierarten und einzigartigen Landschaften weniger effektiv geschützt werden kann.

Riesige Öffnung im Fels

Auch die Scout Cave liegt in diesem Schutzgebiet, etwas außerhalb des Snow Canyon State Park. Es gibt einige Startpunkte für diese rund 4,5 Kilometer lange Wanderung. Am komfortabelsten ist der Parkplatz des relativ bekannten Johnson Canyon Trail. Und obwohl die Wanderung in den Canyon aus Artenschutzgründen halbjährig (vom 15. März bis 31. Oktober) gesperrt ist, kann der Parkplatz jederzeit frei genutzt werden. Er grenzt unmittelbar an den Park, jedoch außerhalb der gebührenpflichtigen Zone.

Die ersten Schritte des Wanderwegs führen gemeinsam über ein schroffes dunkles ehemaliges Lavafeld, bevor der Johnson Canyon nach links abzweigt. Nach einem guten Drittel der Strecke geht es hinab in einen *wash* und weiter entlang des ausgetrockneten Flussbettes, bis dieses direkt auf ein schmales Plateau zuläuft, auf dem sich eine kleine Wohnsiedlung befindet. Hier gilt es dem Verlauf des inzwischen sehr sandigen Weges nach links zu folgen. Mittlerweile sind die schroffen, dunklen Lavasteine nicht mehr dominierend, der Untergrund hat sich zu eher losem Sand gewandelt. Im nun folgenden letzten Abschnitt des Weges gilt es, den Höhenunterschied nach und nach zu überwinden. Und bald sind die Höhlen auch schon gut in dem orangeroten Sandstein auszumachen. Nur ist es schwer vorstellbar, dass es wirklich so weit nach oben gehen soll. Angekommen auf einem kleinen Sims, teilt sich der Weg in drei Richtungen und führt in die verschiedenen Höhlen hinauf. Die wohl eindrucksvollste Höhle befindet sich geradeaus. Je nach Lust und Laune lohnt sich auch eine kleine Entdeckungstour nach rechts und links. Die letzten 20 bis 30 Meter ist jedoch etwas Trittsicherheit gefragt, es geht über Stock und Stein steil hinauf in die erste Höhle.

Ein paar Schritte in die Höhle hineingegangen, ist der Blick, der sich von hier aus bietet, wahrlich fantastisch. Wie ein Passepartout rahmt der Sandstein das sehenswerte Panorama ein. Ein Ausblick, in dem sich die Augen verlieren. Und ein idealer Ort für einen Moment des Verweilens oder einige tolle Fotoaufnahmen.

Info

Lage: Im Red Cliffs Desert Reserve im Südwesten Utahs, unmittelbar nördlich von St. George, UT. GPS: Parkplatz 37.178141, -113.645420, Höhle 37.168135, -113.629070. Adresse: 1002 Snow Canyon Drive, Ivins.

Anfahrt: Aus St. George zuerst dem Snow Canyon Parkway und dem Snow Canyon Drive folgen. Unmittelbar vor dem Eingang zum Snow Canyon State Park liegt der Parkplatz.

Wanderung: mittel, Länge: 4,5 km

Öffnungszeiten: immer

Eintritt: frei

Webseiten:

- *Snow Canyon State Park*: stateparks.utah.gov/parks/snow-canyon/discover, visitstgeorge.com/snow-canyon-state-park
- *Red Cliffs National Conservation Area*: blm.gov/programs/national-conservation-lands/utah/red-cliffs-nca

41. Yellow Knolls: Wanderung wie auf Bienenwaben

Die gelbe Hügellandschaft erstreckt sich soweit das Auge reicht. In unterschiedlichen Farbschattierungen, durchzogen von feinen Linien, die ein schachbrettartiges Wabenmuster formen. Die Yellow Knolls sind traumhaft schön und ein absolutes Muss für jeden, der St. George etwas abseits der Massen entdecken möchte.

Die Stadt im äußersten Südwesten Utahs ist ohnehin ein Eldorado für Naturliebhaber. Ein relativ unbekanntes, aber beeindruckend schönes Wandergebiet sind die Yellow Knolls im Norden der Stadt. Der Name der Region ist dabei bezeichnend: gelbe Hügel. Sie kennzeichnen das Ziel der Wanderung, auf der sich ein wunderschöner kurzer Einblick in die geologische Vielfalt der Region gewinnen lässt.

Wie viele andere erstklassige Naturattraktionen in und um St. George sind die Yellow Knolls im Red Cliffs Desert Reserve zu finden. Das große Landschafts- und Naturschutzgebiet umfasst unter anderem auch die Red Cliffs Recreation Area, die Candy Cliffs und den Snow Canyon State Park.

Stacheliger Farbtupfer

Markantes Wabenmuster der Yellow Knolls

Die Wanderung selbst führt vom Parkplatz über einen gut sichtbaren Pfad zunächst durch eine etwas unscheinbare Lavasteinlandschaft. Dunkle, schroffe Felsen verteilen sich über eine Wildgraswiese und begleiten den Wanderweg bis an eine Engstelle. Nach circa 1,5 Kilometern markiert sie den südlichen Zugang zu den Yellow Knolls. Kaum ist die Engstelle überwunden und die erste Anhöhe erklommen, wird die bis dahin eher saftig-grüne Vegetation durch die kargen, gelben Hügel abgelöst.

Ab hier gibt es keinen festen Trail, den es einzuhalten gilt. Das unwirklich scheinende Gebiet lädt zum freien Erkunden der vielen Details ein. Die Struktur der Felsen und die Beschaffenheit der Landschaft im Hintergrund sind so abwechslungsreich, dass sich bereits nach wenigen weiteren Metern ein neues fesselndes Panorama bietet.

Obwohl die Ausmaße der Yellow Knolls, verglichen mit anderen Wandergebieten im Red Cliffs Desert Reserve, regelrecht winzig sind und sie relativ nah an der städtischen Infrastruktur liegen, kommt hier schnell das Gefühl auf, ganz weit abseits der ausgetretenen Pfade unterwegs zu sein. Gerade einmal drei Kilometer in nordsüdlicher und einen Kilometer in ostwestlicher Ausdehnung braucht es, um an diesem Ort wirkliches Entdecker-Fieber aufkommen zu lassen.

Der Hike und auch schon die Anfahrt sind gleichermaßen einfach. Diese erfolgt über den East Red Hills Parkway und die Cottonwood Springs Road. Obwohl die Straße die letzten zwei Meilen nicht mehr asphaltiert ist, stellt die Strecke selbst für Pkw bei trockenen Witterungsverhältnissen absolut kein Problem dar.

Unwirklich und abgeschieden – trotz der Nähe zur Stadt

Info

Lage: Im äußersten Südwesten Utahs, im Red Cliffs Desert Reserve, nördlich von St. George, UT. GPS: Abzweigung von East Red Hills Parkway 37.117563, -113.550547, Trailhead 37.190077, -113.578065, Zugang zu Yellow Knolls 37.201255, -113.574506.

Anfahrt: Vom Stadtzentrum St. Georges nordwärts fahren bis der East Red Hills Parkway erreicht ist, der Straße nach Osten folgen bis die Straße kurze Zeit parallel zur I-15 verläuft, hier nach Norden auf die Cottonwood Springs Road einbiegen, dem Straßenverlauf 9 km folgen, der Parkplatz befindet sich rechts.

Wanderung: leicht-moderat, Länge: ab ca. 4 km (Rundweg)

Öffnungszeiten: immer

Eintritt: frei

Webseiten:
- *Red Cliffs Desert Reserve*: www.redcliffsdesertreserve.com
- *Snow Canyon State Park*: stateparks.utah.gov/parks/snow-canyon
- *St. George*: visitstgeorge.com/st-george-area

42. Candy Cliffs: Orange Zuckerberge

Aus der Ferne leuchten die wie weiche Hügel aussehenden Candy Cliffs in allen Varianten, die das Farbspektrum an Rot-, Orange- und Gelbtönen zu bieten hat. Eine einzigartige Bergszenerie, die zum Entdecken einlädt.

Nur gute 15 Kilometer Luftlinie vom Zentrum der Stadt St. George in Utah entfernt, befinden sich die beeindruckenden Candy Cliffs. Auf einer Länge von etwa fünf Kilometern erstrecken sich die atemberaubenden Sandsteinfelsen entlang der südlichen Kante des Felsplateaus Yant Flat.

Von der Abfahrt 22 (beim Ort Leeds) der Interstate 15 ausgehend sind noch 17 geteerte sowie 15 nicht geteerte Kilometer zurückzulegen. Bei trockenem Wetter stellt dies mit etwas Bodenfreiheit des Autos kein Problem dar. Weitere zwei Kilometer gilt es anschließend noch zu Fuß zu bewältigen. Immer entlang an der gut erkennbaren Quad-Strecke Richtung Südsüdost. Der Weg ist gesäumt von kleinen Sträuchern, die mit ihren stacheligen Ästen die Waden streifen – lange Hosenbeine sind hier von Vorteil.

Relativ abrupt enden die dicht mit Kakteen, Bäumen und Büschen bewachsene Landschaft und der Trail. Es eröffnet sich ein Blick auf die

karge, aber farbenfrohe Felslandschaft. Es ist der perfekte Platz, um die Aussicht zu genießen und den Blick schweifen zu lassen.

Der Felsboden weist ein deutlich erkennbares, prägnantes Wabenmuster auf. Dies und die Farben des Sandsteins erinnern aus einiger Entfernung stark an Zuckerwatte und bunte Süßigkeiten. Der Name Candy Cliffs ist hier kein leeres Versprechen: Sie erstrecken sich von der Abbruchkante ungefähr drei Kilometer nach Südwesten. Auf der gesamten Strecke

Eindrucksvoll gefärbte Sandsteinhügel

erzeugen die *cliffs* einen Höhenunterschied von mehreren hundert Metern und halten im weiteren Verlauf einige kniffelige Passagen bereit.

An manchen Stellen lassen sich die anfänglich nur gut 20 Meter Höhenunterschied zwischen Abbruchkante und den Candy Cliffs jedoch auch für ungeübte Kletterer überwinden. Besonders spannende und auch leichter zugängliche Stellen der Klippen befinden sich vom Trailende circa 500 Meter in Richtung Südwest. Die teilweise recht steilen Hügel laden hier zu einer Entdeckungstour ein. Allerdings reflektieren die unbewachsenen Felsen das Sonnenlicht ungehindert, sodass die Fläche bei steigenden Temperaturen schnell an einen Garofen erinnert.

Bis vor wenigen Jahren existierte ein alternativer Anfahrtsweg zu den Candy Cliffs. Die gut 15 Kilometer kürzere Strecke über die Old Dump Road (Forest Road 31 von Westen kommend) ist allerdings aufgrund der sehr schlechten Straßenverhältnisse für nicht explizit offroad-taugliche Fahrzeuge ungeeignet.

Info

Lage: Die Candy Cliffs liegen westlich der I-15 zwischen Leeds und Washington im südwestlichen Zipfel Utahs. Nächste Stadt: St. George, UT. GPS: Trailhead 37.234866, -113.477095, Trailende 37.220522, -113.472759.

Anfahrt: Ausgehend von der Abfahrt 22 (Leeds) für 6 km Richtung Norden der Silver Reef Road und später der Forest Road FR-32 folgen. An der Weggabelung die FR-32 auf die FR-31 verlassen und für weitere 12 km gen Südwesten steuern. Dann ist der Trailhead erreicht, der Parkplatz befindet sich in Fahrtrichtung links.

Wanderung: moderat, ab 4 km (Rundweg) je nach Erkundungslust

Öffnungszeiten: immer

Eintritt: frei

Webseiten:

- *St. George*: visitstgeorge.com
- *Red Cliffs Desert Reserve*: www.redcliffsdesertreserve.com

Hinweise:

- Die Schotterstraße sollte nur bei trockenen Straßenkonditionen und mit etwas Bodenfreiheit am Auto befahren werden.
- Ein GPS empfiehlt sich nicht nur für die Anfahrt, sondern auch für die Wanderung.

43. Red Cliffs Recreation Area: Rote Felsen, Wasserfälle, blauer Himmel

Der Trail, umgeben von rotem Sandstein und Kakteen, lädt zu einer kurzen und entspannten Wanderung ein. Highlight jedoch ist unbestreitbar der kleine Wasserfall. Die Red Cliffs Recreation Area ist die perfekte Ergänzung für einen gelungenen Besuch in St. George. Fast ausschließlich bei Einwohnern der Stadt bekannt, erwartet den Besucher an diesem Ort eine sehr entspannte Atmosphäre inmitten fast unberührter, wunderschöner Natur.

Kleine Oase nahe der Stadt

Über Stock und Stein durch die Red Cliffs

Anfänglich ist es etwas verwirrend: Red Cliffs Recreation Area, Red Cliffs Conservation Area und Red Cliffs Desert Reserve sind, obwohl sie alle Red Cliffs im Namen tragen, unterschiedliche Gebiete und nicht etwa synonym-verwandte Bezeichnungen ein- und desselben Areals. Die Red Cliffs Recreation Area und die Red Cliff Conservation Areas sind Bundesgebiete, die unter der Verwaltungshoheit des Bureau of Land Management stehen.

Während sich die verhältnismäßig kleine Recreation Area als Ort zur Freizeitgestaltung (Erholung, Picknick, Camping und mehr) versteht, ist die Conservation Area mit 181 Quadratkilometern um ein Vielfaches größer und dem Landschaftsschutz verpflichtet. Beide Gebiete sind wiederum Teil des Red Cliffs Desert Reserve, einem zuständigkeitenübergreifenden Projekt, das die Bemühungen zum Naturschutz verschiedener Träger zusammenführt. Auch der durch den Staat Utah verwaltete Snow Canyon State Park in St. George ist Teil dieses Red Cliffs Desert Reserve.

Die Red Cliffs Recreation Area liegt gut 20 Kilometer nordöstlich des Stadtzentrums von St. George und ist bequem mit dem Auto zu erreichen. Es gibt gerade einmal 50 Parkplätze, die sich Tagesgäste und Besucher des Campingplatzes teilen. Durch die wirklich schöne Landschaft, den idyllisch gelegenen *campground* und die gute Erreichbarkeit werden die knappen Parkplätze besonders während der Wochenenden im Frühjahr und Herbst schnell rar. Es spricht also vieles für einen Besuch in den Morgen- oder Abendstunden oder außerhalb der Saison.

Nach regenreichen Tagen fließt hier ein rauschender Wasserfall.

Vom Parkplatz führt eine nur etwa einen Kilometer lange Wanderung entlang des Flussbetts des Harrisburg Creek zu zwei kleinen Wasserfällen – natürlich abhängig von den Witterungsbedingungen. Dabei trifft der Weg auch auf einige Wasserlöcher. Sind diese zumindest etwas gefüllt, reflektieren sie die wunderschön rot und weiß gezeichneten Sandsteinfelsen gemeinsam mit dem tiefblauen Himmel und formen so einen beeindruckenden Kontrast aus Wasser und Wüste.

Über wenige in den Stein geschlagene Stufen und mithilfe eines dort angebrachten Seils lässt sich der zweite Wasserfall problemlos überwinden. Mit Lust auf weitere Erkundungen warten einige hundert Meter weiter teilweise recht enge Canyonwände. Diese können an weniger steilen Stellen erklommen werden. Obwohl es in diesem Teil der Wanderung keine festen Wanderwege oder gar Beschilderungen gibt, fällt die Orientierung nicht schwer.

Info

Lage: Im Red Cliffs Desert Reserve, unmittelbar nördlich von St. George, UT. GPS: Red Cliffs Recreation Area 37.222559, -113.403462, erster Wasserfall 37.228134, -113.410526, zweiter Wasserfall 37.229116, -113.412111.

Anfahrt: Von Süden kommend I-15 an der Ausfahrt verlassen und nach 1,5 km links auf 6300W/Old Hwy 91, nach 6,5 km links abbiegen und durch die Unterführung I-15 queren, unmittelbar nach der Überführung links abbiegen und der Straße bis zum Park folgen.

Wanderung: leicht, Länge: ca. 1 km (einfacher Weg)

Öffnungszeiten: immer

Eintritt: 5 USD/Pkw, alternativ gilt der Jahrespass der Nationalparkbehörde.

Webseiten:
- *Red Cliffs Recreation Area*: blm.gov/visit/search-details/16379/2
- *St. George*: visitstgeorge.com
- *Red Cliffs Desert Reserve*: redcliffsdesertreserve.com

Hinweis: Das Hinaufklettern der Moki Steps wird meist nicht als sonderlich schwer empfunden, zumal ein fest montiertes Seil Halt spendet. Da der Weg hinter dem Wasserfall jedoch in eine Sackgasse führt, muss für den Rückweg dieselbe Stelle hinabgestiegen werden. Dies gestaltet sich zumeist etwas schwieriger als der Aufstieg.

44. Sand Hollow State Park: Am roten Strand von Utah

Das türkisfarbene Wasser umspielt sanft die roten Sandsteinfelsen. Die kleinen Wellen laufen langsam und leise rauschend am feinsandigen Stand aus. Süd-Utah, das bedeutet einzigartige Sandsteinformationen, Wüste und Wärme. Doch die Region um St. George hält etwas bereit, um eindrucksvoll mit diesem Stereotyp zu brechen. Denn hier befinden sich zwei Seen, die mit ihrem wundervoll blauem Wasser einen interessanten Kontrast zu dem ansonsten hauptsächlich orangesandigen Ambiente setzen.

Gerade einmal fünf Kilometer Luftlinie trennt die beiden künstlichen Seen in unmittelbarer Stadtnähe voneinander. Der geringfügig größere Sand Hollow State Park liegt südlich des Quail Creek State Park. Von europäischen Reisenden geradezu unbemerkt, hat sich der Sand Hollow State Park seit seiner Gründung im Jahr 2003 zu einem der meist besuchten *state parks* in Utah entwickelt. Mit feinsandigen Dünen und orangerotem Sandstein könnte er als eine Miniaturmischung aus den Coral Pink Sand Dunes und dem Lake Powell gelten. Im Jahr 2018 schnitt der Park in der Besuchergunst sogar nur etwas schlechter ab als der bei internationalen Touristen so beliebte Dead Horse Point State Park. Zum Vergleich: Der Quail Creek State Park erreicht im selben Zeitraum gerade einmal ein Sechstel dieses Besucheraufkommens.

Wie der Name bereits schon verrät, bietet der Sand Hollow neben malerischen, aus dem blauen Wasser herausragenden Sandsteinfelsen auch schöne Sandstrände rund um den See. Am Quail Creek Reservoir hingegen ist der Zugang zum Wasser eher etwas steinig.

Dass beide Parks besonders bei Einheimischen so beliebt sind, liegt an den Möglichkeiten vor Ort. Nur circa 20 Kilometer von St. George entfernt, aber dennoch tief in der Natur, können Besucher hier den klassisch-amerikanischen Wochenend- oder Ferienbeschäftigungen nachgehen. Neben einem Campingplatz und diversen Grill- und Picknickstellen locken die vielfältigen Möglichkeiten der beiden Seen. Mit Motorbooten, Kajaks oder beim Stand-up-Paddeln kommen Wassersportbegeisterte definitiv auf ihre Kosten. Bei maximalen Tiefen von 60 Metern beziehungsweise 30 Metern ist es sogar möglich, bei einem Tauchgang die Unterwasserwelt des Quail Creek oder Sand Hollow Reservoir zu erkunden.

Sonnenuntergang am Sand Hollow Reservoir

Der Sand Hollow State Park bietet zudem einen im Südwesten der USA sehr beliebten Zeitvertreib an: das Fahren mit Quads und Buggys – den sogenannten OHVs (*off-highway vehicles*) – im tiefen Sand. Nur circa 5,5 Quadratkilometer des insgesamt gut 61 Quadratkilometer großen Areals nimmt das künstlich aufgestaute Reservoir ein. Die als Fahrbereich ausgewiesenen Sand Mountains nehmen so über 80 Prozent der Parkfläche ein. An Tagen mit hohem Besucheraufkommen kann so leider schon einmal eine wahrnehmbare Geräuschkulisse entstehen. Je mehr sich der Tag allerdings dem Ende entgegen neigt, umso ruhiger wird es am See. Also ideale Voraussetzungen, um das spektakuläre Farbenschauspiel von einem Strandabschnitt im Osten des Parks zu genießen. Wenn die Sonne sich anschickt hinter den Bergen am Horizont unterzutauchen, hüllt sie den Himmel ein in eine unvorstellbar warme Farbenpracht, die von dem meistens sehr ruhigen Wasser funkelnd reflektiert wird.

Little Lake Powell

Blick von den Dünen auf die Abendsonne

Info

Lage: Im äußersten Südwesten Utahs, in der Metropolregion von St. George, UT. GPS: Sand Hollow State Park 37.118358, -113.388143, Quail Creek State Park 37.190281, -113.392281. Adressen: Sand Hollow State Park: 3351 Sand Hollow Road, Hurricane, UT, Quail Creek State Park: 472 5300 W, Hurricane, UT.

Anfahrt: Vom Stadtzentrum St. George die I-15 nach Norden nehmen, an der Ausfahrt 16 auf die UT-9 abbiegen, der Quail Creek State Park liegt nördlich der UT-9, der Sand Hollow State Park südlich.

Öffnungszeiten:
- *Sand Hollow SP*: April bis September: 6 Uhr bis 22 Uhr, Oktober bis März: 7 Uhr bis 21 Uhr
- *Quail Creek SP*: Ganzjährig 7 Uhr bis 21 Uhr

Eintritt: 15 USD/Pkw

Webseiten:
- *Sand Hollow State Park*: stateparks.utah.gov/parks/sand-hollow
- *Quail Creek State Park*: stateparks.utah.gov/parks/quail-creek
- *St. George*: visitstgeorge.com

Utah: Im Zentrum

Factory Butte

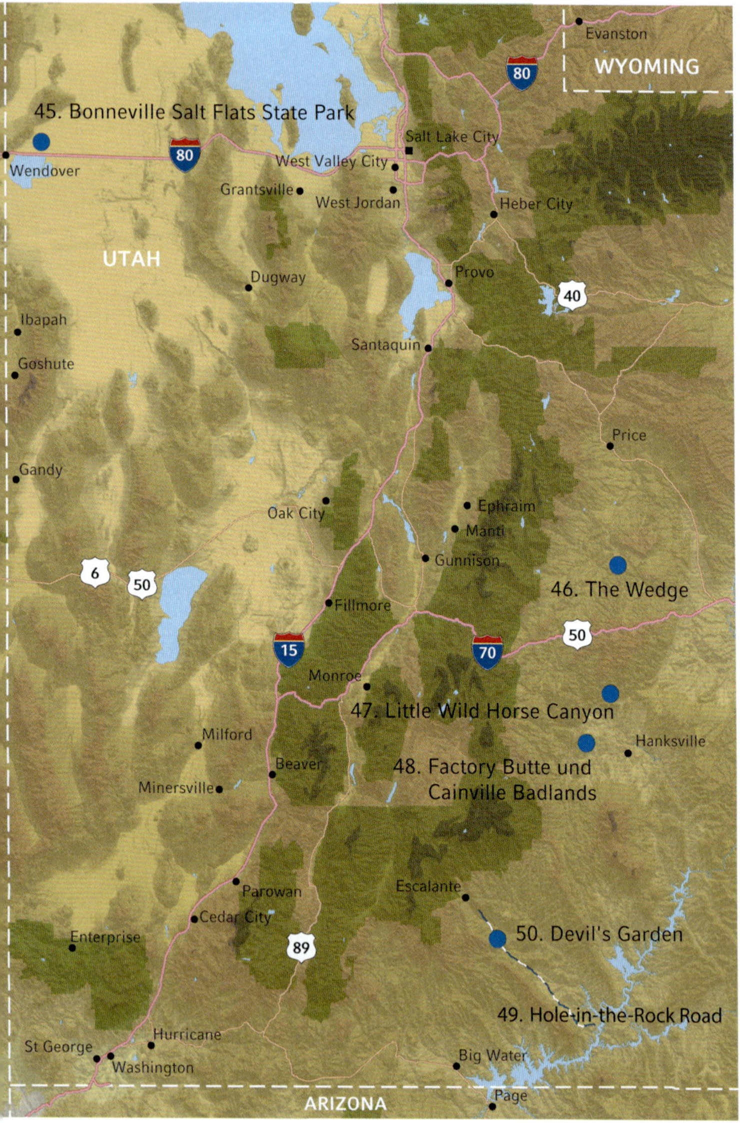
Evanston
WYOMING
80
45. Bonneville Salt Flats State Park
Salt Lake City
Wendover
80
West Valley City
Grantsville
West Jordan
Heber City
UTAH
Dugway
Provo
40
Ibapah
Santaquin
Goshute
Price
Gandy
Oak City
Ephraim
Manti
Gunnison
6
50
46. The Wedge
Fillmore
15
70
50
Monroe
47. Little Wild Horse Canyon
Milford
Hanksville
Beaver
48. Factory Butte und Cainville Badlands
Minersville
Parowan
Escalante
Cedar City
Enterprise
89
50. Devil's Garden
49. Hole-in-the-Rock Road
Hurricane
St George
Washington
Big Water
ARIZONA
Page

45. Bonneville Salt Flats State Park: Salz soweit das Auge reicht

Die weißen Salzschollen wirken wie die Oberfläche eines fernen Planeten. Soweit das Auge reicht, erstrecken sie sich gen Horizont und bilden einen atemberaubenden Kontrast zum warmen Orange der untergehenden Sonne. Wer an Utah denkt, hat meist rote Felsformationen und Slot Canyons in Sandwüsten vor dem geistigen Auge. Ein ganz anderes, aber nicht weniger monumentales Bild einer Wüste lässt sich an den Bonneville Salt Flats bestaunen: ein scheinbar unendlich weites, kalkweißes Salzfeld, das sich bis zum Horizont erstreckt.

Der Bonneville Salt Flats State Park liegt im Gebiet der Great Salt Lake Desert im nördlichen Utah an der Grenze zu Nevada. Gegen Ende der letzten Eiszeit dehnte sich der See auf fast 52.000 Quadratkilometer aus und war damit fast so groß wie der Lake Michigan als einer der fünf Great Lakes. Infolge einer Flut ergossen sich große Teile des Sees nach Norden. Als sich das Klima weiter veränderte, trocknete der Lake Bonneville westlich der Rocky Mountains aus und hinterließ aufgrund des hohen Salzgehalts die strahlend weißen *salt flats*, deren Areal sich insgesamt auf über 10.000 Quadratkilometer erstreckt.

Salz soweit das Auge reicht

Die Salzwüste zum Sonnenuntergang

Für die Anfahrt empfiehlt sich Salt Lake City als Ausgangspunkt. Die Hauptstadt Utahs ist natürlich selbst auch einen Besuch wert. Nur eine Stunde Fahrtzeit auf der Interstate 80 liegen die Bonneville Salt Flats von der 1,2 Millionen-Einwohner-Stadt entfernt. Die Fernstraße ist die zweitlängste der USA und verbindet San Francisco mit der Metropolregion von New York. Sie ist eine Hauptschlagader für den Lkw-Güterverkehr. Die Fahrt auf die Interstate nach Westen gleicht einer Reise auf einen anderen Planeten. Nicht nur das Bild der pulsierenden Großstadt schwindet allmählich im Rückspiegel, auch jegliche grüne Vegetation am Wegesrand weicht Einöde und Kargheit, die gleichsam schön und erstaunlich wirken.

Eine weitere Alternative wäre die Anreise von dem 1500 Einwohner großen Örtchen West Wendover, das kurz hinter der Grenze in Nevada liegt. Charakteristisch für die kleine Siedlung sind zahlreiche Casinos, die den vielen passierenden Fernfahrern etwas bunte Abwechslung versprechen. Für Touristen wirkt das Örtchen eher wie ein nur mäßig gelungener Versuch, Las Vegas nachzueifern.

Im bekanntesten Teil des Parks, nördlich des Highways, finden seit 1896 regelmäßig Motorrallyes und Geschwindigkeitsrekorde statt. 1970 raste das Raketenauto „Blue Flame" mit über 1000 Stundenkilometern über die Salzfläche. Jährlich fallen hier bis zu 200 Millimeter Niederschlag, daher findet die „Speed Week" im trockenen August statt.

Um die *salt flats* zu erkunden, empfiehlt sich ein simpler Rastplatz an der Interstate als Startpunkt. Von Salt Lake City aus befindet sich die Salt Flats Rest Area Westbound noch vor dem Speedway und somit ebenso knapp vor der Grenze zu Nevada. Hier gibt es keine Tankstelle oder Kiosk, nur ein kleines Toilettenhäuschen. Ab hier kann das Gebiet bequem selbstständig erkundet werden.

Rund um den Parkplatz herum finden sich überall Fußabdrücke und kaum ein Meter unberührter Untergrund. Es bietet sich daher an, einige hundert Meter weit auf die Salzfläche zu gehen, allein um dem Geräuschpegel des Highways zu entkommen. Nach ein paar Gehminuten erstreckt sich scheinbar grenzenlos und recht surreal die reine, weiße Salzfläche. Das Areal ist so flach, dass sich mit bloßem Auge die Erdkrümmung erkennen lässt. Die schönsten Kontraste der schollenartigen Salzfelder lassen sich am besten zum späten Nachmittag vor Sonnenuntergang erkennen.

Info

Lage: Im Nordwesten Utahs, direkt an der Grenze zu Nevada, ca. 170 km westlich von Salt Lake City. Nächste Stadt: West Wendover, NV. GPS: Rest Area 40.740364, -113.851695.

Anfahrt:

- Von West Wendover aus auf die I-80 Richtung Osten fahren, die Ausfahrt 49 Richtung Clive nehmen und wieder auf die I-80 Richtung Westen fahren, um auf die Rest Area Westbound zu gelangen (nicht den Highway zu Fuß von der Südseite der Rest Area überqueren!)
- Von Salt Lake aus auf die I-80 Richtung Westen und der Straße für etwa 160 km folgen.

Öffnungszeiten: immer

Einritt: frei

Webseiten:

- *Bonneville State Park*: stateparks.com/bonneville_salt_flats_state_park_in_utah.html
- *Salt Lake City*: visitsaltlake.com
- *West Wendover*: www.westwendovercity.com

Hinweise:

- Nach teilweise sehr kräftigen Niederschlägen kann der Boden extrem aufweichen. Daher unbedingt festes Schuhwerk tragen.
- Niemals mit dem Auto auf die Salzfläche fahren. Verboten ist es ohnehin, doch im Salz kann sich ein Auto so festfahren, dass eine aufwendige und teure Bergung notwendig wird.

46. The Wedge: Wildnis pur am Little Grand Canyon

Enge, gewundene Canyons, malerisch bunte Sandsteinformationen und atemberaubende Panoramen – das Emery County ist Heimat eines der bislang am besten gehüteten Geheimnisse der wunderschönen Natur in Utah. Gelegen in einer Region, in der sich einige der bekanntesten Nationalparks und Naturattraktionen der USA befinden, ist das circa 8000 Quadratkilometer große Gebiet nördlich des Ortes Hanksville geradezu unbekannt. Das County – mitten im Herzen des Staates – ist Heimat der geologischen Region San Rafael Swell, einem vor etwa 40 bis 60 Millionen Jahren durch Erosion geformten Wunderland aus zerklüfteten Felsen und tiefen Canyons.

Der „kleine Grand Canyon"

Die von Ost nach West verlaufende Hauptverkehrsader der gesamten Region, die Interstate 70, teilt das San Rafael Swell in etwa mittig und beschert zumindest den südlichsten Ausläufern nahe Hanksville und dem bekannten Goblin Valley State Park einige Besucher. Der Teil nördlich der Interstate allerdings wartet mit purer Backcountry-Atmosphäre auf – hierher verirrt sich kaum ein Tourist.

Auf der Suche nach einzigartigen und wirklich unbekannten Highlights des Südwestens verspricht das nordöstliche Ende des San Rafael Swell eine wirkliche Sensation. Denn hier liegt der Wedge Overlook. Dieser Aussichtspunkt (der genau genommen gar kein einzelner Punkt, sondern die Abbruchkante eines Steilhangs ist) offenbart einen phänomenalen Ausblick auf die im Swell gelegene Sids Mountain Wilderness Area.

Die Region trägt zu Recht den Beinamen „Little Grand Canyon"; die Formen und Farben der Sandsteinfelsen erinnern tatsächlich sehr an die circa 350 Kilometer entfernte und zugegebenermaßen deutlich größere Variante im benachbarten Arizona. Dennoch, eine kurze Wanderung entlang des *rim* oder ein ausgedehntes Picknick in nahezu unberührter, wilder Natur versprechen ein gelungenes Kontrastprogramm zu den oftmals sehr gut besuchten Nationalparks in Utah.

Dieser nördliche Bereich des San Rafael Swell liegt sehr abgeschieden und bietet kaum touristisch-relevante Infrastruktur, geschweige denn asphaltierte Straßen. Und obwohl der Wedge Overlook nur circa 30 Kilometer (Luftlinie) nördlich der Interstate liegt, bedarf es schon eines Tagesausfluges, um diesen besonderen Ort zu erkunden. Von Moab oder Hanksville beträgt die Anfahrt zwischen 2,5 und drei Stunden. Die nächstgelegenen Möglichkeiten, in einem Hotel unterzukommen, sind Price, Green River oder Moab. Allerdings gibt es zwei wunderschön gelegene Campingplätze – auf dem Felsplateau direkt am Aussichtspunkt und am Fuße des Steilhangs, direkt am San Rafael River.

Faszinierende Landschaft

Je nach Abenteuerlust und Straßenverhältnissen kann ein Besuch am Wedge Overlook ideal mit einer ausgedehnten Tour über staubige *dirt roads* durch die gleichermaßen abwechslungsreiche wie bannende Landschaft kombiniert werden. Nach einer Übernachtung in Price und dem Besuch des Little Grand Canyon ist die Fahrt über die Forest Road 332 (Buckhorn Draw Road) besonders idyllisch und auch ein wenig einsam. Diese führt vom Felsplateau hinab in die Ebene und südwärts in Richtung der Interstate durch Teile des Little Grand Canyon.

Beeindruckender Blick in das Tal

Info

Lage: Emery County im östlichen Utah, 60 km südlich von Price, UT, 50 km nordwestlich von Green River, UT. GPS: Aussichtspunkt 39.095944, -110.749363.

Anfahrt: Von Price auf der UT-10 und UT-155 südwärts bis Cleveland, hier geradeaus auf die CR-204 und in südlicher Richtung dem dichten Netz an Country Roads bis zu angegebenen Position folgen. Die CR-405 führt schließlich an den *rim*.

Öffnungszeiten: immer

Eintritt: frei

Webseite:

- *San Rafael Swell Hikes*: www.visitutah.com/places-to-go/state-and-federal-recreation-areas/central/san-rafael-swell

Hinweis: Vor Fahrtantritt unbedingt Informationen über den Straßenzustand einholen.

47. Little Wild Horse Canyon: Der etwas andere Slot Canyon

Der ausgetrocknete Bachlauf schlängelt sich durch die tiefe, schulterbreite Felsspalte und versetzt Besucher binnen Sekunden in das typische Südwest-Feeling: staubige Luft, ein enger Canyon und strahlender Sonnenschein. So einfach und bequem wie kein Zweiter gewährt der Little Wild Horse Canyon Besuchern Zutritt in die atemberaubende Wüstenlandschaft des San Rafael Swell.

Der südliche Teil des San Rafael Swell ist unter anderem Heimat des relativ bekannten Goblin Valley State Park. Nur circa 40 Autominuten nördlich des nicht einmal 300 Einwohner zählenden Örtchens Hanksville bringen die kleinen wie großen grotesken Felshügel – *goblins* genannt – Besucher ins Staunen und zeigen, wie absurd und dabei so wunderschön Wüste sein kann.

Gewundene Felswände

Und nur wenige Autominuten vom Park entfernt, liegt ein weiteres Highlight der Region, das bei europäischen Reisenden jedoch weniger Beachtung findet: der Little Wild Horse Canyon. Anders als viele Slot Canyons im Südwesten ist der Little Wild Horse Canyon über eine nur kurze Wanderung erreichbar. Es bedarf keinerlei technischer Ausrüstung oder extremer sportlicher Ausdauer, um in den Genuss der abenteuerlichen Atmosphäre zu kommen, die die eng zusammenstehenden Felswände schaffen. Über diesen Trail lässt sich auch der benachbarte Bell Canyon erkunden. Ein kombinierter Roundtrip umfasst allerdings insgesamt 13 Kilometer.

Gerade einmal einen Kilometer vom Parkplatz entfernt, trennen sich die beiden Wanderwege, und der Little Wild Horse Canyon beginnt unmittelbar zur Rechten. Nur wenige Schritte später erreichen die Felswände bereits eine stattliche maximale Höhe von 130 Metern. Im Gegensatz zu vielen anderen Slot Canyons sind die Felswände nicht einfach nur durch die Jahrtausende lange Arbeit von Wind, Wasser und Sonne glatt

Eng, enger, Slot Canyon

Stark verwitterte Felswände

geschliffen. Vielmehr ist ihnen die starke Verwitterung deutlich anzumerken. Kleine wie große Ausbuchtungen und Hohlräume überziehen den in abwechslungsreichen Rot-, Braun- und Gelbtönen erstrahlenden Sandstein und verleihen diesem Ort so einen ganz besonderen, einzigartigen Charme. Bereits nach gut zwei Kilometern sind die Engstellen erreicht, die das eigentliche Highlight der Wanderung ausmachen, sodass ohne schlechtes Gewissen einfach an einer beliebigen Stelle der Rückweg angetreten werden kann.

Öffnen sich auf dem Rückweg die Canyon-Wände und kommt der Parkplatz langsam wieder in Sichtweite, fühlt es sich fast so an, als würde eine andere Welt verlassen. Die Enge weicht unwirklicher Weite. Die verschiedenen Facetten des San Rafael Swell hinterlassen bei vielen Besuchern einen bleibenden Eindruck. Tatsächlich wirkt die Region so surreal und geradezu außerirdisch, dass hier sogar der Mars simuliert wird. Weltweit betreibt die gemeinnützige Mars Society mehrere Forschungslabore, um wissenschaftliche Experimente mit Bezug zum Leben auf dem Mars durchzuführen. So haben über 200 Besatzungen die nahe Hanksville gelegene Mars Desert Research Station in den vergangenen zwei Dekaden für bis zu mehrere Monate bewohnt.

Tolle Perspektiven entlang des Weges

Info

Lage: In Zentral-Utah, im südlichen Teil des San Rafael Swell zwischen den Nationalparks Capitol Reef und Canyonlands. Nächste Stadt: Hanksville, UT. GPS: Parkplatz 38.582866, -110.802896, Abzweigung Little Wild Horse/Bell Canyon 38.588930, -110.806643, Beginn Engstelle 38.594728, -110.807308.

Anfahrt: Von Hanksville auf der UT-24 für 32 km nach Norden folgen, links in Temple Mountain Road Richtung Goblin Valley einbiegen, nach 8,3 km links in Goblin Valley Road biegen und nach 9,7 km rechts auf Wild Horse Road, nach 8,7 km liegt der Parkplatz auf der rechten Seite. Die letzten 9 km erfolgt die Anfahrt auf einer Schotterpiste.

Wanderung: leicht, Länge: ab 4 km

Öffnungszeiten: immer

Eintritt: frei

Webseiten:

- *Hanksville*: capitolreef.org/hanksville
- *Goblin Valley State Park*: stateparks.utah.gov/parks/goblin-valley
- *Mars Desert Research Station*: mdrs.marssociety.org

Hinweis: Vor jeder Wanderung in Slot Canyons den aktuellen Wetterbericht prüfen. Bei einer Regenvorhersage nicht in den Canyon steigen; bei einsetzendem Regen sofort und schnellstmöglich aus dem Canyon hinausgehen und höher gelegene Gebiete aufsuchen.

48. Factory Butte und Caineville Badlands: Ode an die Ödnis

Das Spiel von Licht und Schatten, das sich in den tiefen Furchen der riesigen blaugräulichen Felswand des Factory Butte fängt, entfaltet schnell eine geradezu hypnotisierende Wirkung. Unwirklich und verödet wirkt die Landschaft, dessen Anmut dennoch jeden Besucher binnen Sekunden packt. Die Natur schafft es hier, etwas vermeintlich Lebensfeindliches beeindruckend und schön aussehen zu lassen.

Der Factory Butte in voller Pracht

Für viele Besucher, die auf Utahs Nationalparkroute unterwegs sind, verbindet die State Route 24 den Capitol Reef National Park bei Torrey mit den Nationalparks Arches und Canonylands bei Moab. Weite Teile des Streckenverlaufes führt die UT-24 entlang des Freemont River und bindet das infrastrukturell relativ schwach erschlossene Gebiet östlich des Capitol Reef an die Interstate 70 an. Der Straßenverlauf führt hierbei durch eine mehr als unwirkliche Region, die mit verlassenen, verfallenen Dörfern und überwiegend grauer Natur – mit dem Charme einer Kiesgrube – auf den ersten Blick mehr als bedeutungslos wirkt.

Kontrastreiche Schattierung

Trotz der verständlichen Ungeduld angesichts der nahe liegenden Nationalparks lohnt sich ein Zwischenstopp, um hier eine etwas andere Schönheit des amerikanischen Südwestens zu entdecken.

Die sogenannten Caineville Badlands erstrecken sich in unmittelbarer Nähe der Ortschaft Caineville zu beiden Seiten der UT-24 zwischen dem Capitol Reef National Park und Hanksville. Die *badlands* – was so viel bedeutet wie „verödetes Land“ – machen ihrem Namen alle Ehre. Denn die Mischung aus überwiegend orangegrauem Sandstein, schroffem Schiefer und durch Betonit grau gefärbten Tongestein lassen diesen Ort wie eine weitestgehend triste Landschaft von einem anderen Planeten erscheinen. Die gleichermaßen hügeligen wie lehmigen Flächen sind annähernd bar jeder Vegetation. Charakteristisch für diese Region sind die deutlich hervorstechenden Tafelberge mit abgeflachter Spitze.

Der prominenteste Vertreter dieser schroffen Hügel ist der imposante Factory Butte, dessen Spitze immerhin annähernd stolze 2000 Meter (über dem Meeresspiegel) erreicht. Zwölf Kilometer östlich von Caineville oder 17 Kilometer westlich von Hanksville bietet die nordwärts abzweigende Coal Mine Road einen idealen Ausgangspunkt, um dem Factory Butte und den Caineville Badlands einem Besuch abzustatten. Nach nur circa zehn Kilometern auf der bei Trockenheit für alle Fahrzeuge problemlos befahrbaren Schotterstraße ist die östliche Flanke des beeindruckenden Tafelberges erreicht, der sich wegweisend bereits aus weiter Entfernung zu erkennen gibt.

Zwar ließe sich der Factory Butte auf der Factory Road umrunden – da jedoch der Straßenzustand nicht konstant so gut bleibt, wie die ersten Kilometer vermuten lassen, sollte die weitere Route eher Allrad-Fahrzeugen vorbehalten bleiben. Aber natürlich spricht nichts gegen eine fußläufige Entdeckungstour. Im Gegenteil: In der Umgebung, in der sich nur selten andere Menschen verirren, wartet eine imposante, je nach Lichteinfall blau, grau oder gelbbräunlich schimmernde Landschaft mit zahlreichen Schluchten und Hügeln, die es gilt, genauer unter die Lupe zu nehmen.

Der Nahbereich des Factory Butte ist abseits der offiziellen Straßen für Fahrzeuge aller Art gesperrt, da hier einige wenige, aber dafür sehr seltene Kakteen wachsen.

Info

Lage: Der Factory Butte liegt in Süd-Utah, in den Caineville Badlands, Luftlinie ungefähr auf halber Strecke zwischen dem Goblin Valley State Park und dem Capitol Reef National Park. Nächste Stadt: Torrey, UT. GPS: Abzweigung Coal Mine Road 38.367057, -110.892266, Factory Butte 38.437460, -110.913319.

Anfahrt: Von Hanksville oder Torrey über die UT-24 bis zur Coal Mine Road, auf dieser Straße nordwärts nach Belieben fahren.

Öffnungszeiten: immer

Eintritt: frei

Webseite:

- *Factory Butte Recreation Site*: blm.gov/visit/factory-butte-recreation-area
- *Capitol Reed National Park*: nps.gov/care/index.htm
- *Goblin Valley State Park*: stateparks.utah.gov/parks/goblin-valley

49. Hole-in-the-Rock Road: Abenteuer pur auf staubiger Piste

Staub wirbelt auf – im Rückspiegel ist nicht viel mehr zu erkennen als eine große gelbbraune Wolke aus Utahs bestem Wüstensand. Aber die Strecke verspricht nicht nur Fahrspaß, sie führt zu einigen der größten Schätze des Grand Staircase-Escalante National Monument. Spannende Outdoor-Abenteuer warten entlang der Fahrt auf der Hole-in-the-Rock Road.

Es braucht nur ein paar dunkle Wolken und wenige Regentropfen – und die staubige Piste verwandelt sich in eine lehmige Rutschbahn, auf der selbst geübte Fahrer schnell verzweifeln und in regelmäßigen Abständen einfach steckenbleiben. Dennoch sind hier die Gewalten der Natur besonders gut und glücklicherweise relativ gefahrlos zu erleben. Und zugegebenermaßen machen sie auch einen Teil des Thrills und des Besonderen der einzigartigen Straße in der Einöde aus. Im trockenen Zustand ist der überwiegende Teil der Straße normalerweise auch für Pkw ohne Allradantrieb gut befahrbar. Lediglich die letzten circa zehn Kilometer sowie die unzähligen Nebenstraßen erfordern ein geländegängiges Fahrzeug.

Legendäre Schotterpiste

Die historische Hole-in-the-Rock Road diente von Ende des 19. Jahrhunderts an mormonischen Siedlern als Weg zum Colorado River. Die offiziell als BLM 200 betitelte Straße befindet sich nur etwa neun Kilometer von dem 800 Einwohner großen Ort Escalante entfernt. Die Ortschaft ist daher auch der perfekte Ausgangspunkt für Besucher. Der Namensgeber dieses Ortes mit rustikal-ursprünglichem Charme hat allerdings anders als vermutet europäische Wurzeln. Der spanische Missionar Silvestre Vélez de Escalante erforschte als erster Europäer die Gegend, die nahe dem Calf Creek Canyon und dem heutigen Grand Staircase-Escalante National Monument liegt.

Escalante erreichen Besucher über den wunderschönen Scenic Byway 12. Die etwa 200 Kilometer lange Straße bietet traumhafte Ausblicke in das ursprüngliche Utah und natürlich in die unverwechselbare Landschaft. Die Traumstraße führt durch eine Höhenlage von 1600 bis zu 2900 Metern über dem Meeresspiegel durch den Bryce Canyon National Park, das Kodachrome Basin, den Escalante Petrified Forest und den Dixie National Forest sowie durch die Glen Canyon National Recreation Area und endet nahe dem Capitol Reef National Park.

Wer zu früher Stunde auf der Hole-in-the-Rock Raod unterwegs ist, hat zahlreiche Möglichkeiten, den gesamten Tag über verschiedene Highlights dieser unberührten Natur Utahs zu entdecken. Besonders schön und sehenswert sind drei fast direkt nebeneinander liegende Slot Canyons, die unterschiedlicher kaum sein könnten: Dry Fork Slot Canyon, Peek-a-boo Canyon und Spooky Slot Canyon. Die Zufahrt erfolgt ab Kilometer 42 über eine kleine unebene Nebenstraße. Die abenteuerliche Fahrt lohnt sich in jedem Fall. Denn auch weitere Highlights wie die Wanderwege zum Coyote Gulch, Willow Gulch und Davis Gulch sind von hier gut erreichbar.

Zebra Slot Canyon

Wer sich bis an das Ende der Schotterpiste wagt, wird auf den letzten Kilometern gleich mit mehreren absolut atemberaubenden Naturerlebnissen in Staunen versetzt. Mehrere spektakuläre *arches* und Felsmonolithen wie beispielsweise der 30 Meter aus der fast schon eben wirkenden Landschaft hinausragende Chimney Rock können hier angesteuert werden. Am Ende der Straße angekommen, wartet am Hole-in-the-Rock tatsächlich das Blau des Lake Powell. Eine gefühlte Ewigkeit hat es sich den Fahrzeuginsassen bei der abenteuerreichen Fahrt durch die Wüste nicht mehr gezeigt. Für erfahrene Hiker ist der Abstieg zum kühlen Nass eine willkommene Abwechslung nach der gleichermaßen anstrengenden wie abwechslungsreichen Tour.

Besucher mit Ambitionen für Mehrtages-Wanderungen können von hier zum bekannten Reflection Canyon hiken. Zweifelsohne eine Tour für erfahrene Backpacker, deren Anstrengungen mit einem unschlagbar schönen Ausblick über den Lake Powell belohnt wird.

Info

Lage: In den Countys Garfield und Kane im südlichen Utah, 8 km östlich von Escalante, UT, 130 km Luftlinie von Cedar City entfernt. GPS: Beginn Hole-in-the-Rock Road 37.727493, -111.530686, Abbiegung zum Dry Fork, Peek-a-boo und Spooky Slot Canyon 37.466657, -111.223952, Hole-in-the-Rock 37.256836, -110.901686.

Anfahrt: Escalante ostwärts auf der UT-12 verlassen und nach ca. 8 km rechts auf die BLM 200 (Hole-in-the-Rock Road) abbiegen.

Öffnungszeiten: immer

Eintritt: frei

Webseiten:

- *Grand Staircase-Escalante National Monument*: blm.gov/programs/national-conservation-lands/utah/grand-staircase-escalante-national-monument
- *Hole-in-the-Rock Road*: nps.gov/glca/planyourvisit/driving-the-hole-in-the-rock-road.htm
- *Scenic Byway 12*: scenicbyway12.com/the-byway

Hinweise:

- Straßenverhältnisse vor Antritt der Fahrt überprüfen, da die Straßenverhältnisse sich schlagartig ändern können.
- Ausreichend Wasser und Lebensmittel im Falle einer Panne mitführen.

50. Devil's Garden: Bizarre Steinformationen

Stolz ragen die rotorangenen Teufelsgesteine in den Himmel Utahs hinauf. Zwischen *arches* und *hoodoos* verliert sich jeder Besucher schnell in einem bizarr-schönen Terrain mit beeindruckender Vielfalt an teuflisch schönen Sandsteinformationen in verschiedensten Farbfacetten.

Imposante Erscheinungen

Durch Wind und Wasser über Millionen Jahre geformt ist Devil's Garden eines der Highlights im Grand Staircase-Escalante National Monument. Die sehenswerten *hoodoos* und *arches* befinden sich an einer der legendärsten Schotterpiste in Utah – der Hole-in-the-Rock Road.

Keine 20 Kilometer nachdem die Reifen die ersten Meter über die *dirt road* geglitten sind, wartet der Devil's Garden darauf, erkundet zu werden.

Die ersten Gesteinsformationen lassen sich schon vom gut ausgeschilderten Parkplatz erkennen. Besucher werden hier bereits von vier farblich auffälligen *hoodoos* begrüßt. Die imposante Felsformation stimmt unweigerlich auf eine spannende und abwechslungsreiche Erkundungstour des nur knapp 2,6 Quadratkilometer großen Gebietes ein. Durch den weichen Wüstensand geht es unter anderem zu den besonders sehenswerten Metate Arch und Mano Arch. Beeindruckende Erinnerungsfotos lassen sich aber allerorts schießen, denn einen festen Wanderweg gibt es nicht – und genau das ist das Herrliche. Besucher sind völlig frei, das Gebiet nach Lust und Laune zu erkunden.

Besonders zum Sonnenuntergang ein Erlebnis

Am fast schon filigran wirkenden Metate Arch schließt nur noch eine dünne Planke den Felsbogen an der Oberseite. Es lässt sich erahnen, welche Kräfte Wind und Wasser auf den Sandstein ausgeübt haben müssen, um nur noch dies zu hinterlassen. Es wirkt beinahe so, als wenn das letzte Stück Sandstein nun auch jederzeit durch den nächsten aufziehen Regenschauer zum Einsturz gebracht werden könnte.

Der Mano Arch liegt fast in unmittelbarer Nähe. Zwar ist er weniger filigran, aber dennoch ein echter Hingucker. Steht die Sonne am späten Nachmittag bereits etwas tiefer, so erwacht mit den letzten Lichtstrahlen des Tages auch die Farbenvielfalt des Gebietes zum Leben und verleiht dem ohnehin schon äußerst sehenswerten Areal den letzten Schliff.

Bis zum Sonnenuntergang lässt sich zwischen den vielzähligen fesselnden Sandsteinformationen ein atemberaubendes Spiel von Licht und Schatten bewundern.

Ist die Sonne irgendwann hinter dem Horizont verschwunden, plagt den Erkundungslustigen schnell der Hunger. Praktischerweise sind am Devil's Garden gleich mehrere Grillplätze eingerichtet. Ideale Voraussetzungen also, um einen kleinen oder größeren Snack vor der dramatischen Kulisse einzunehmen.

Metate Arch

Info

Lage: In den Countys Garfield und Kane. Nächste Stadt: Escalante, UT. GPS: Parkplatz 37.585766, -111.414621, Metate Arch 37.584570, -111.413747, Mano Arch 37.584430, -111.413469.

Anfahrt: Escalante ostwärts auf der UT-12 verlassen und nach ca. 8 km rechts auf die BLM 200 (Hole-in-the-Rock Road) abbiegen. Dem Straßenverlauf für 19,5 km folgen und im Anschluss rechts auf die BLM 225 abbiegen. Nach 500 m ist der Parkplatz erreicht.

Öffnungszeiten: immer

Eintritt: frei

Webseiten:
- *Escalante Besucherzentrum*: www.blm.gov/visit/escalante-interacgency-visitor-center
- *Devil's Garden*: visitutah.com/articles/devils-garden www.visitutah.com/articles/devils-garden
- *Hole-in-the-Rock Road*: nps.gov/glca/planyourvisit/driving-the-hole-in-the-rock-road.htm

Hinweise:
- Straßenverhältnisse vor Antritt der Fahrt überprüfen, da die Straßenverhältnisse sich schlagartig ändern können.
- Um Devil's Garden zu erreichen, ist bei trockenen Verhältnissen ein üblicher Pkw ausreichend.
- Ausreichend Wasser und Lebensmittel im Fall einer Panne mitführen.

Bildnachweis:
Alle Bilder von Jan de Jonge außer:
Gerth Michael cc by-sa 3.0 S. 212 | Maps4news S. 8, 9, 12, 40, 82, 104, 130, 168, 196 | public domain S. 63, 96 | The Dye Clan cc by-sa 3.0 S. 136, 187 | Webster, TX, USA cc by-sa 3.0 S. 116